KB120353

한 사회학자의
어떤 처음

코로나 시대의 뉴노멀 대학 강의

나남
nanam

박길성

강릉에서 태어났다. 고려대 사회학과를 졸업하고 동 대학원에서 석사, 미국 위스콘신
대에서 박사 학위를 받았다. 고려대 사회학과 조교수로 임용되어 문과대학장, 대학원
장, 교육부총장을 역임하였다. 미국 유타주립대 겸임교수를 지냈으며, 2013∼2016년
세계한류학회 회장, 2019년 한국사회학회 회장으로 활동했다. 현재 고려대 사회학과
교수로 재직 중이다. 《사회는 갈등을 만들고 갈등은 사회를 만든다》, 《한국사회의 재
구조화: 강요된 조정과 갈등적 조율》, 《세계화: 자본과 문화의 구조변동》, 《전염의
상상력》, 《경제사회학이론》, 《IMF 10년 한국사회 다시 보다》, 《*Development and
Globalization in South Korea: From Financial Crisis to K-Pop*》 등의 저서를 출간하였
다. 《*Transcultural Fandom and the Globalization of Hallyu*》, 《*The Political Economy
of Business Ethics in East Asia*》, 《*Global Civil Society 2011*》의 국제공동 편저가 있다.

나남신서 2063

한 사회학자의 어떤 처음

코로나 시대의 뉴노멀 대학 강의

2020년 10월 1일 발행
2022년 3월 15일 2쇄

지은이   박길성
발행자   趙相浩
발행처   (주) 나남
주소   10881 경기도 파주시 회동길 193
전화   (031) 955-4601 (代)
FAX   (031) 955-4555
등록   제 1-71호 (1979.5.12)
홈페이지   http://www.nanam.net
전자우편   post@nanam.net

ISBN 978-89-300-4063-1
ISBN 978-89-300-8655-4 (세트)

책값은 뒤표지에 있습니다.

나남신서 2063

한 사회학자의
어떤 처음

코로나 시대의 뉴노멀 대학 강의

박길성 지음

머리말

변화를 놓치지 않으려고

2020년 3월 봄 학기는 참 다르게 시작하였다. 경험해 본 적도 상상해 본 적도 없는 처음이다. 사회는 깊고 긴 침묵에 빠졌으며 교정에는 표정이 없다. 그 실체가 무엇인지, 얼마만큼 지속될지 가늠하기 어려운 어떤 처음이다.

어떤 처음은 익숙한 것들과 결별할 것을 요구했다. 본디 변화란 익숙한 것들과의 결별이기 마련이지만, 코로나 시대의 결별은 완연히 다른 결을 가지고 있다. 비일상적인 일상, 비정상적인 정상이 생활의 새로운 양식으로 자리를 넓혀 간다. 그렇게 친숙했던 평소가 더는 친숙하게 보이지 않으며, 그렇게 익숙했던 일상이 더는 익숙하게 다가오지 않는다. 지금은 잠시(?) 잃어버린 것들을 상상으로만 만지작거리며 비일상적인 일상에 차츰 익숙해지고 있다.

한 학기는 물리적인 시간 개념으로 언제나 일정한 넉 달이지만, 올봄은 참 빠르게 지나가기도, 참 더디게 지나가기도 한다. 빠르다는 느낌은 정상으로 채워야 할 것들을 많이 빠트리고 그냥 넘어감에 따르는 아쉬움과 허전함 때문이다. 더디다는 느낌은 경험하고 싶지 않은 것을 일상으로 받아들여야 함에 따른 불편함과 불안함 때문이다.

나는 수업을 하며 빠르기도 하고 더디기도 한 어떤 처음의 시간을 기록하기로 하였다. 코로나19로 인한 엄혹한 시간을 기록으로 정리해야겠다고 마음먹었다. 때로는 일기日記의 형식으로, 때로는 일지日誌의 형식으로, 때로는 세평世評의 형식으로 기록을 하며 이 어떤 처음의 시간을 보내기로 하였다.

이 시기가 지나면 서둘러 잊어버리려고 하겠지만 그러지 않기 위해 꼼꼼히 적어 보려 하였다. 강의실 이야기를 중심으로 자랑거리든 낯 뜨거운 것이든, 지난 것에 대한 반추든 새로운 다짐이든, 정부에 대한 거친 책망責望이든 인류 문명에 관한 성찰省察이든, 적어야 할 소재의 외연에 제한을 두지 않았다.

일상이, 루틴이 흔들릴 때 무엇을 해야 하는지, 무엇을 할 수 있는지를 기록하고 싶었다. 루틴 카드가 작동하지 않을 때 할 수 있는 일이 그리 많지 않다는 것을 알기까지는 그리 오랜 시간이 걸리지 않았다. 여태껏 일상이 이렇게 소중한 의미로 다가온 적이 있었나 싶다. 잃어버린 일상, 튕겨 나간 평소를 기록해 두려는 생각이 이 책의 출발점이다.

이 책에 담긴 글은 2020년도 봄 학기, 이제 대학의 문으로 갓 들어온 사회학과 신입생을 위해 개설한 〈사회학적 상상력〉 수업과 바깥세상의 이야기다. 강의실 안의 이야기는 소담하고 촘촘하게, 밖의 이야기는 시선 중심으로 명료하게 적어 보려 하였다. 정확히는 3월 2일부터 6월 22일까지 113일의 기록이다. 수업이 예정된 월요일과 수요일에 썼다.

이들은 합격통지서만 덩그렇게 받아 놓았지 정식으로 대학의 문턱에 걸쳐 본 적이 없다. 입학식은 취소되었고,

변화를 놓치지 않으려고

신입생 환영회 같은 모임 한 번 제대로 받아 본 적이 없으며, 이들을 기다리고 있었던 것은 2주 연기된 온라인 비대면 수업뿐이었다. 나에게 대학 1학년 시절 캠퍼스는 마치 라파엘로가 그린 아테네 학당의 축소판이었다. 내 생각의 규모와 범위가 이때 움트기 시작하였음에 비추어 보면 이들에게 미안한 마음이 앞선다. 일상을 잃어버린 이방인으로 강제된 우리 학생들에게 선생으로 갖는 안쓰러운 마음, 아련한 마음, 안타까운 마음을 전하고 싶어 글을 쓰기 시작하였다. 이런 까닭에 이들에게 마음이 몽실몽실 따뜻해지는 글이면 좋겠다는 소박한 기대를 해본다.

그런데 놀랍게도 낯선 것이 낯익은 것으로 바뀌는 데는 몇 달이 채 걸리지 않았다. 적응하는 인간*Homo Adaptans*의 진면목을 보는 듯하여 진화하는 인간*Homo Evolutis* 논의를 다시 탐독하였다.

'참 다르게 시작한 시간'이 '새로운 질서를 허락한 시간'으로 변하는 데 넉 달도 채 걸리지 않았다. 그 중간에 '우리의 인내를 시험한 시간'도 거치고 '오래 준비한 시간'도

거쳤다. 격한 넉 달의 시간이 3, 4, 5, 6월에 맞춰 이렇게 기승전결의 완결성을 갖추는 것에 나 자신도 놀랐다.

무척이나 혼란스러웠다. 학기가 시작한 한 달 동안 정상으로의 복귀가 어려워지면서 얼마나 많은 실망을 했는지 모른다. 앞으로도 얼마나 더 실망을 해야 할지 날짜를 세는 것이 두려웠다. 날짜를 세는 것이 두려워 더 꼼꼼하게 적어 보려고 했는지도 모른다. 누구한테 책임을 물을 수가 없어 더 혼란스러웠다. 마스크가 가장 신성한 것이 될 줄은 꿈에도 생각하지 못했다. 누가 예상이나 했겠는가.

생생하게 기억한다. 학기 중반, 일부나마 강의실에서 학생들과 마주하며 정상적인 대면 수업을 처음 하던 날을 말이다. 이날 강의실로 향하는 발걸음은 무척 가벼웠다. 이날 나는 교탁을 보듬어 주고 책상도 쓰다듬어 주었다. 기다려 주어 고맙다고 말이다. 그 자리에 묵묵히 있으며 우리 학생들을 다시 반겨 주어 고맙다는 진심을 표현하고 싶은데 어떻게 표현해야 할지 몰랐다. 하물며 학생들과의 만남은 얼마나 감격스럽고 고마웠겠는가.

명분과 핑계를 찾느라 분주했다. 극히 일상적이고 평범

변화를 놓치지 않으려고

한 일이라도 이러저런 이유나 명분을 붙여야 했다. 학생과 면담을 하려고 해도, 수업을 하려고 학생들을 강의실에서 만나려고 할 때조차도 명분과 근거가 있어야 할 거라고는 생각해 보지 못했다. 학기말 학점을 매길 때도 번외의 별도 기준이 필요했다. 돌이켜 보니 사실 이런 대목들이 가장 불편했다.

간절함으로 새로운 시간을 기다린다. 경험해 본 적도 상상해 본 적도 없는 어떤 처음의 긴 여정이다. 언제 끝날지 모르는 현재 진행행이다. 한 학기 그저 무탈하게 마무리하면 좋겠다고 날짜를 세면서 간절하게 기다렸던 시간의 연속이다. 이제 다음 학기도 또 이런 간절함으로 시간을 보내야 할 것 같아 걱정이다.

어떤 처음을 넘어 '또 다른 처음'을 갈망한다. 움츠린 어깨, 의심스러운 눈초리, 머뭇거리는 발걸음이 아닌 일상 말이다. 깊고 긴 침묵에서 벗어난 사회, 표정이 되돌아온 교정을 기다린다. 이제는 지난 몇 달과는 완연히 다른 '무엇을 어떻게 할지'를 숙의해야 한다. 이제 전염의 문제는 의료적, 과학적 접근만으로는 온전히 해결되기 어렵다. 사회적social 접근과 함께 해법을 찾아야 한다.

거리를 두어야겠지만 이럴수록 사람들 사이는 더 가까워져야 한다. 배려, 함께, 연대, 공동체, 공감, 공유, 협력, 책임, 신뢰, 시민적 동의가 요즘처럼 중요했던 적이 있었나 싶다. 이 하나하나가 '또 다른 처음'을 만드는 근간이다.

변화를 놓치는 것이 가장 위험하다는 것을 잘 알기에 지금의 변화를 적어 보려고 마음먹은 것은 사회학자의 본능적 발동 때문일 것이다. 이번 학기 한 번으로 끝날 경험이 아닐 것 같은 예감이 들어 더 기록해야겠다는 생각을 하였는지도 모른다. 코로나 시대가 가져온 변화를 놓치지 않으려는 안간힘이 책을 엮은 동력이다.

이 책은 일정한 시간을 단위로 쓴 연속 단막극 같은 모음이지만 크게 두 가지 내용을 담으려고 하였다. 하나는 코로나19가 불러온 캠퍼스의 비일상적인 일상, 다른 하나는 전염의 시대에 대한 사회학자의 생각이 그것이다. 전자가 '묵언默言으로 나눈 학생들과 대화對話'라 한다면, 후자는 '코로나 시대의 사회학 예고편'이라 이름 붙이고 싶다.

매주 두 편, 총 31편의 짧은 글이다. 글을 쓴 사람으로서 모두 읽히면 좋겠지만 과한 욕심이라는 것을 잘 알기에 한 편만이라도 누군가의 눈길과 맞춰지기를 바란다면, 중간쯤에 수록된 "제자들에게 보내는 편지"에 특별한 애착이 간다.

희망이 사라진 곳에 우리가 만들어야 할 것은 희망이라는 알베르 카뮈Albert Camus의 경구警句를 함께 새기며 '또 다른 처음'으로의 길을 찾아 나선다.

2020년 8월

박 길 성

한 사회학자의
어떤 처음

코로나 시대의 뉴노멀 대학 강의

4부 　새로운 질서를 허락한 시간

1부

참 다르게
시작한 시간

참 다르게 시작한 3월,
교정에 표정이 없다

3월 2일 (월)

나는 방학의 끝자락으로 갈수록 가슴이 뛴다. 새로 시작하는 개강開講의 설렘 때문이다. 돌이켜 보면 한 번도 예외인 적이 없었다. 언젠가 동료 교수에게 나는 개학이 몹시 기다려진다고 하였더니, '천생 선생'이라는 기분 나쁘지 않은 핀잔을 준다. 수업 첫날 제법 두툼한 분량의 수업계획서syllabus를 학생들에게 나누어 주면서 한 학기 수업의 포부를 말할 때면 방학 내내 꼼짝도 안 하던 농도 진한 아드레날린이 돌기 시작한다. 마치 세상에 엄청난 일을 새롭게 펼치는 것 같은 착각을 한다. 설사 그것이 착각일지언정 첫 수업시간이 참 좋다. 그래서 기다려진다.

첫 시간이 기다려지는 것은 무엇보다 강의계획서를 작

성하는 데 쏟은 공력 때문이다. 전체적인 틀을 잡느라 여러 번의 작성 과정을 거치고, 수강생들의 눈높이를 맞추기 위해 또 몇 번의 교열을 하고 나면 강의계획서에는 자부심이 붙는다. 대체로 나의 대학원 수업계획서는 10쪽이 넘고, 학부 수업계획서는 6쪽 정도로 구성된다.

이번 〈사회학적 상상력〉의 강의계획서는 7쪽이다. 이번 〈사회학적 상상력〉 수업에는 더 많은 정성을 쏟았다. 특히 학부 수업을 아주 오랜만에 하는 만큼 더 정성을 쏟았는지도 모른다. 대학원장, 부총장의 행정업무 기간 4년, 그리고 1년의 연구년을 보내고 5년 만에 정식으로 학부 수업을 하는 것이라 들뜨는 것은 어찌 보면 당연한 일이다.

난 개강을 기다리고 첫 시간에 설레고 가슴 뛰는 것을 내심 뿌듯하게 여긴다. 이 내심의 뿌듯함을 이번 학기는 코로나19 현상이 완전히 잠재웠다. 예전 같으면 오늘 같은 날 설렘 반, 기대 반의 살짝 들뜬 마음으로 우리 학생들과 첫 대면을 했을 텐데, 올해는 그리하지 못한다.

학기 개강이 2주 연기되었다. 수업은 2주 후인 3월 16일 하는 것으로 예정되어 있다. 그마저도 첫 두 주는 강의실에서의 대면 강의가 아니고 이른바 비대면非對面 강의를 하는 것으로 결정되었다.

사실 강의에서의 비대면은 이번에 처음 들어 본 용어다. 처음 들어 본 만큼이나 수업을 어떻게 진행해야 하는지는 더 생소하다. 어떤 방식으로 비대면 강의를 할 것인지 생각해 본다. 나에게 던져진 첫 과제다. 그래도 강의의 현장 감을 살려야겠다는 생각에 컴퓨터 작은 화면 앞에서 진행하는 것보다는 텅 빈 교실이기는 하지만 칠판에 글씨도 쓰며 진행하는 강의를 녹화하고, 이 녹화 영상을 업로드하면 학생들이 보는 수업 방식을 택했다.

이와는 달리 대학원 수업은 수강 인원이 그리 많지 않은 세미나여서 컴퓨터 화면에 서로의 시선을 맞추고 실시간으로 진행하는 온라인 수업 방식을 택했다.

수업이 2주 뒤로 연기되었지만 평소처럼 시간에 맞춰 출근했다. 몸이 반응하는 관성慣性이다. 학교에 들어서니 교정이 휑하다. 눈을 잠시 의심했다. 적막하다고 표현하는 것이 더 정확할 것이다. 귀를 잠시 의심했다. 아무리 쫑긋 세워도 학기 시작하는 날 들리는 반갑게 떠드는 학생들의 소리는 들리지 않는다. 개강하는 날이면 유난히 빠른 발걸음으로 새로운 시간표에 맞춰 강의실을 찾아다니는 학생들로 복도가 가득가득하건만 오늘은 텅 비어 있다. 복도에는 나의 구두 발자국 소리만 울린다. 새 학기 첫날이라는 실감이 안 난다. 개강하면 펼쳐지는 우리 학생들의 모습을 이번 학기에는 상상으로만 그려 본다. 〈사회학적 상상력〉 수업에 들어오는 학생들이 누구일지의 궁금함도 한 달 뒤로 미루어야 한다.

지난 1월 20일 첫 코로나19 확진자가 발생한 이후 확진자가 4천 명을 훌쩍 넘어섰다. 어제(3월 1일) 하루 사이에 586명의 새로운 확진자가 발생했다고 한다. 이런 추세라면 1만 명은 금방 될 것 같다. 한 달 후인 4월부터는 대면 수업을 한다는 지금의 계획이 정상적으로 실행될지 걱정이다. 걱정이 거듭되지 않기를 바란다.

지금은 잠시 잃어버린 것들을 상상으로만 만지작거리며 비일상적인 일상에 차츰 익숙해져 간다. 2020년 3월의 일상은 참 다르게 시작한다. 교정에 표정이 없다.

카메라 렌즈에 맞춰진 시선

3월 5일 (목)

강의를 녹화하였다. 새로운 경험이다. 30여 년의 강의 경력에 처음 있는 일이다. 혼자 허공에 대고 강의하는 듯하여 마음이 선뜻 내키지는 않았지만 이게 지금으로서는 최선이라 생각했다. 강의의 현장감도 살리고, 처음 하는 것이라 시행착오를 최소한으로 줄이고 빠르게 연착륙할 수 있는 방안으로 녹화 강의가 가장 적합하다고 판단했다.

강의가 민낯으로 드러나는 것 같아 편치 않았지만, 적어도 표현이 어색하거나 정보를 잘못 전달하여 녹화를 다시 하는 일은 없도록 마음먹었다. 누구에게도 내색은 안 했지만 마음의 준비는 단단히 했다.

그리 넓지 않은 강의실에서 녹화하였다. 도서관의 협조

를 받았다. 담당조교가 녹화를 위한 세팅을 하였다. 마이크를 윗옷 윗단에 꽂고, 조정장치를 뒷주머니에 넣었다. 전에도 마이크를 사용한 강연을 많이 해본 터라 불편하지는 않았다. 그런데 다음부터가 감당하기 만만치 않았다.

교탁에서 약 3~4미터 정도 떨어진 거리의 삼각대 위에 고정해 놓은 카메라 렌즈에 지속적으로 시선을 맞추는 일이 그것이었다. 카메라가 칠판 넓이 정도의 각도는 포착하는 만큼 판서板書를 할 정도로 자유롭게 이동할 수는 있었다. 그러나 어디에 서 있든 시선은 항상 렌즈 한곳을 향해야 했다. 카메라 렌즈를 뚫어지듯이 지속적으로 눈 맞추는 일이 그리 간단치 않다.

3월 16일 월요일에 나갈 첫 시간 강의 녹화에 들어갔다. 강의계획서를 들고, "여러분 반갑습니다"로 말문을 열었다. "평소 같으면 교실에서 직접 만나 인사를 나누었겠지만 올해는 코로나19로 인해 이렇게 인터넷 강의로 수업을 시작합니다. 곧 만날 것으로 기대합니다"의 간단한 도입 인사말을 덧붙였다.

그리고는 본격적으로 수업의 본론으로 들어갔다. 두근

두근거리던 가슴도 제자리를 잡아 가고 있음을 말문이 열리면서 자연스럽게 느낄 수 있었다. 관객이 없는 형식이 어색하였지만 강의 자체는 금방 익숙해졌다.

비대면 녹화 강의를 만족스러운 수준으로 만들기 위해서는 대면 강의보다 더 촘촘하게 짜인 각본과 기획이 필요하다는 것을 녹화를 하고 나서 알게 되었다. 대면 강의와는 다른 방식으로 수업에 몰입할 수 있게 하는 포인트들이 있어야 하는데, 그게 어떤 것인지는 아직까지 선뜻 뚜렷하게 떠오르지 않는다. 솔직히 고백하건대 오늘은 녹화 1시간을 채우는 것에 급급했다.

새로운 것에는 항상 긴장과 흥분이 있기 마련이고, 동시에 어떤 결과를 만들어 낼 것인가의 기대와 우려가 따르기 마련이다. 인터넷 강의도 마찬가지다. 해보니 별것 아니라는 한편의 생각과 만만한 것이 결코 아니라는 다른 한편의 생각이 교차한다.

학생들의 반응이 궁금하다. 나의 강의에 대한 학생들의 반응이 이렇게 궁금했던 적은 없었다. 무대 예술로 표현하면 채점표를 들고 있는 관객으로 여겨진다. '아싸'라며 엄

참 다르게 시작한 시간

지 척 할지, 그냥 '그런대로 괜찮네'라고 할지, '이게 뭐야'라며 찌그린 불만을 표시할지 궁금하다. 선뜻 내키지는 않지만 나도 제 3자의 입장에서 녹화 강의를 보려 한다. 약간의 어색함을 감수하고서라도 말이다. 지금까지 한 번도 본 적이 없다. 오랜 기간 내 스스로 객관화해 본 적이 없었던 나의 강의를 이제 관찰자로서 되돌아보려는 것이다.

똑같은 채점표를 들고, 세 칸으로 나뉜 빈칸의 어디에 표시를 할지 시험해 보련다. 선입견 없이 박하지도 후하지도 않은 채점표 말이다. 학생들이 매긴 채점표와 나의 채점표를 비교하면 비슷할지 아니면 많은 차이가 날지도 관전 포인트로 삼기에 충분하다. 아마 나의 채점표가 좀더 박하겠지만 말이다.

그대들이 있어 고맙네

3월 9일 (월)

오늘은 인터넷 강의 2차분, 3차분을 촬영하였다. '사회학이란 무엇인가', '사회학적 상상력에는 어떤 메시지가 있는가'를 풀어내는 시간이다. 이 주제는 나의 십팔번이라고할 만큼 일사천리로 풀어낼 수 있는데, 이상하게도 말이자꾸 꼬인다. 무슨 이유인지 모르겠다. 학생들의 표정을통한 반응을 포착할 수 없다 보니 강의가 무미건조해지고있음을 직감한다.

교감이 없다 보니 준비한 강의 자료를 따라가기 급급하다. 나 스스로가 생동감을 갖지 못한다. 불현듯 수업을 듣는 학생들이 고맙다는 생각을 한다. 교실에 앉아 있지만다른 데 정신 팔고 있어도, 노트북을 앞에 가려 놓고 친구와 채팅을 하더라도, 휑한 눈으로 졸고 있어도 수업에 들어와 앉아 있는 것만으로도 고맙다.

30년 가까이 강의하면서 한 번도 생각해 보지 못한 것을 지금 알게 된다. 코로나19가 나에게 준 가장 큰 첫 교훈이다. 그대들이 나의 강의를 경청하고 시선을 집중해 주어서 고맙네. 이게 정상적인 생각인데, 그동안 너무나 당연하게 여겼던 것이 아닌가 한다.

극히 비정상적인 환경에서 정상적인 교훈을 얻는다. 내가 잘나서 한 수 가르쳐 준다는 그동안의 생각에 물음을 가져 본다. 강의를 마치고 종종 갖는 포만감 가득한 기분은 순전히 그대들이 수업에 앉아 있기 때문에 가능한 것이라고 말하고 싶다. 묵묵히 함께 있어 주는 그대들이 참 고맙네.

코로나19 확진자의 증가 추세가 다소 주춤하다. 열흘 전인 2월 29일에는 909명까지 발생했던 일일 신규 확진자 수가 200명 이하로 떨어졌으니 상황은 분명 많이 호전되었다. 여전히 대구·경북 지역이 힘든 상황이다. 그러나 집단감염은 여러 곳에서 나타난다.

마스크 소동은 여전하다. 마스크를 구입하기 위해 이른 새벽부터 늘어선 줄이 건물을 이중 삼중으로 에워싸는 모습을 찍은 드론 영상은 해외토픽감으로 손색이 없다. 태어난 해 끝자리에 맞춘 마스크 구입 5부제 실시는 비극인지 희극인지 판단이 잘 안 선다. 찰리 채플린의 명구를 그대로 덮어씌워 "가까이서 보면 비극인데 멀리서 보면 희극"일 것이다. 마스크가 가장 신성한 것이 될 것이라고 누가 예상이나 했겠는가.

정부는 세계에서 가장 모범적인 방역이라 자화자찬이다. 코로나19의 완전한 해결은 그간 전 세계로 확산된 상황으로 볼 때 그리 간단하지 않을 것으로 보인다. 아직 성공이니 모범이니 하는 평가는 이르다. 예단을 하기 어려운 전염이기에 섣부른 미래 전망은 조심해야 한다. 더구나 평가는 국민이 하는 것이지, 정부가 서둘러 할 것이 결코 아니다. 나라를 향한 신뢰를 바탕으로 때로는 불평하고 때로는 비난하고 때로는 무관심하며 때로는 꾹 참아내는 국민이 있음을 고맙게 생각해야 한다.

방역의 성공은 국민 참여의 함수이자 국민 신뢰의 함수

다. 이번에도 변변한 방역 장비도 없이 묵묵히 비 오듯 땀 흘린 수없이 많은 의병義兵이 있었음을 가볍게 넘겨서는 안 된다.

이들의 묵묵한 신뢰가 오늘을 있게 한 근간이라는 깨우침을 숙지하면 좋으련만 그게 그리 쉽지 않아 보인다. 뭐라도 조금 좋아지면 자신들이 잘해서 나타난 결과라고 엄청나게 홍보하는 점잖지 못한 권력의 속성을 모르는 바는 아니지만, 요즘처럼 모든 관계가 수축되는 위기의 시기에는 이런 점잖지 못한 관행적 속성도 좀 수축되었으면 좋겠다. 그러나 이런 바람은 권력에 대한 이상주의적 전제에서 나온 것이라, 현실정치에서 실현되기는 불가능에 가까운 희망사항에 불과한지도 모른다.

코로나19는 그동안 관행의 이름으로 진행해 온 많은 것과 결별訣別할 것을 주문한다. 관행의 굴레는 모든 것을 갈아엎는다.

일상 속 시간과 공간의 귀중함

3월 11일 (수)

겨울의 끝자락, 봄의 시작쯤에 펼쳐지는 화창한 날씨다. 새벽 기온은 영하 1도쯤에서 출발해 낮에는 영상 10도 미만에서 머문 상쾌한 날씨다. 코끝의 신선한 시림이 느껴지는 상큼한 날씨다. 계절의 예정은 이렇게 어김없이 우리 곁에 와서 반갑고도 푸근하게 해준다. 예정된 시간과 공간에서 해야 할 것을 하지 않았을 때 갖게 되는 감정이 날씨 탓인지 더욱 아련하게 다가온다.

어제 하루 종일 내린 비가 대지와 식물을 촉촉하게 적신 다음이라 곳곳에서 움틈을 내비치는 풍광이다. 이런 풍광 속에서 학생들과 수업을 통한 교류와 접촉을 못 한다는 것이 더 야속하다. 평소 같으면 오전에는 학부 수업, 오후에는 대학원 수업으로 하루 종일 아주 바쁜 날이었겠지만, 오늘은 그냥 무덤덤하고 허전하다. 허전함이란 해야 할 일을 나의 의지와는 무관하게 이런저런 이유로 그대로 남겨 두어야 할 때 뒤따르기 마련이다.

허전함을 다르게라도 채워야겠다는 생각에 연구실을 나와 시내 서점으로 향했다. 평소에도 서점을 자주 들르는 편이다. 반드시 구입해야 할 책 목록을 가지고 있지 않더라도 이동의 중간에 비는 시간을 보내기에 서점만 한 데가 없다. 그러나 오늘 서점으로 발걸음을 한 사정은 전과는 좀 다르다. 약간의 의무감 같은 것이 작동하였다. 수업을 안 하는 대신 무언가 해야 할 듯한 의무감 같은 것이다. 수업을 안 하는, 정확하게 표현하면 못 하는 것에 대한 허전함도 있지만, 서점에서의 시간이 수업의 책임감을 조금이라도 상쇄시켜 줄 수 있겠다는 생각에서다.

평소에도 반드시 구입해야 할 책 목록을 수첩에 써서 갖고 다닌다. 좁은 의미의 전공서적을 제외하고는, 대체로 토요일판 신문에서 소개하는 신간도서들이 목록을 주로 채운다.

서점에서 나의 동선은 대체로 일정하다. 먼저 전문 학술 쪽으로 걸음을 한다. 오늘은 책 두 권을 들었다. 하나는 경제학자 새뮤얼 보울스의 《도덕경제학The Moral Economy》이고, 다른 하나는 뉴욕대 사회학과 교수 에릭 클라이넨버그의 《도시는 어떻게 삶을 바꾸는가Palaces for the People》이다. 사실 이 두 권의 책은 〈사회학적 상상력〉 수업보다는 이번 학기 대학원 수업인 〈경제사회학 연습〉에 적합하다.

특히 《도덕경제학》은 대학원 수업에서 몸풀기(워밍업) 리딩으로 함께 읽고 토론하기에 더없이 좋다. 주류경제학의 현실성을 흔들어 놓기에 족하며, 경제사회학의 문제제기로도 딱 좋은 책이다. 제1장의 제목은 "호모 이코노미쿠스, 무엇이 문제인가?"이다. 어떤 주장을 펼지는 더 이상 설명이 필요 없다.

그리고 나의 로망인 디자인, 건축, 음식 등의 코너에서 엉뚱한 선택을 하였다. 사실은 종종 있는 일이다. 《날마다 집밥》을 들어 올렸다. 생뚱맞은 책으로 보이지만 숨겨진 나의 로망을 채우는 일부다. 학교에서 수업 준비를 하거나 수업을 해야 할 시간에 책이 무한대로 펼쳐진 곳에서 시간을 보내고 책을 사는 것은 알량한 책임감에서 비롯하였지만, 어떻게 보아도 격조는 있다. 약간의 의무감도 채우고 소박한 보상도 받는 일이다.

화창함으로 가득한 날씨와 대조되는 텅 빈 캠퍼스, 이로 인한 허전함을 채워 보려는 서점으로의 발길, 의무감이 발동하여 고른 전문 학술서 두 권, 그리고 다른 종류의 끼가 발동하여 고른 책 한 권, 오늘 하루의 모습이다.

일상이 얼마나 소중한지, 그 루틴이 흔들릴 때 무엇을 하는지를 보여 준 하루다. 사실 루틴이 깨졌을 때 할 수 있는 일이 그리 많지 않다는 것도 요즘 부쩍 실감하고 있다. 여태껏 일상이 이렇게 소중한 의미로 다가온 적이 있었나 싶다. 예정된 시간과 공간의 귀중함을 절절히 느끼며 정상으로의 시작을 기다린다.

이방인으로 강제된 새내기 학번

3월 16일 (월)

벌써 '코로나 학번'이라고 자조自嘲 섞인 닉네임이 붙어 다닌다. 2020학번 신입생에게는 유난히 미안하고 안쓰러운 마음이다. 예년 같으면 지금쯤 새로 만난 친구들과 활기차게 온 캠퍼스를 휘젓고 다니고, 갓 배운 응원가를 흥얼거리며, 새로운 대학생활의 호기심으로 등굣길의 발걸음은 무중력 상태만큼이나 가벼워야 할 때가 아닌가. 해가 어둑어둑 저물면 친구들과 술에 거하게 취하는 호기도 부릴 만한데 말이다. 이 모든 것을 포기해야 한다는 것이 안쓰럽게 보인다.

학교 건물도 엄격하게 출입을 관리하니 학교에 나오더라도 마음 붙일 곳이 없다. 극히 제한된 장소만 출입이 가

참 다르게 시작한 시간

능하니 그냥 뜨내기 방문손님처럼 겉돌고 있다. 새로운 공간에서 새로운 관계를 맺으며 가슴이 뛰어야 할 요즘인데 이들에게 참 모질게 한다는 생각을 버릴 수 없다. 캠퍼스의 주인이 방문객, 이방인이 된 셈이다. 어떤 시작치고는 참 거칠고 둔탁하다.

그래도 수업은 온라인 형태지만 진행된다. 오늘이 바로 학생들이 참여하는 수업 첫날이다. 녹화 강의가 방영되는 날이다. 학교에서도 개교 이래 처음 있는 일이라 당혹스럽지만 아무런 문제없이 대처하겠다는 결기도 대단하다. 음향, 화질, 구도는 좋은지, 혹시 영상이 끊어지는 일은 없는지.

그런데 학교 홈페이지 공고公告에서 혹시나 하는 우려가 현실로 나타났다. 과부화로 인해 서버가 잠시 중단되어 인터넷 강의가 매끄럽게 진행되지 못한 것에 대한 사과와 양해의 글이 올라왔다. 준비를 많이 하였겠지만 갑자기 접속자가 몰린 가운데 예상을 넘어서는 용량을 넉넉하게 수용하기는 어려웠던 모양이다. 기계적이고 기술적인 문제는 불편하겠지만 잠시 기다리면 곧 해소될 것으로 보인다. 나중에 들은 얘기지만 큰 문제는 아니었고 다행히 빠른 시간 안에 정상화되었다고 한다.

우리 수업 〈사회학적 상상력〉 제1강은 잘 전달되었는지 궁금하다. 강의 내용보다는 일단 기술적으로 별다른 문제는 없었는지 걱정하는 상황이다. 녹화본을 수업 플랫폼인 블랙보드 시스템에 탑재해 놓은 만큼 실시간 강의보다는 안정적이긴 하지만 그래도 처음이라 마음을 편히 놓기는 어렵다.

오늘 수업은 일종의 오리엔테이션 시간이다. 강의계획서를 가지고 한 페이지 한 페이지 넘기며 이번 학기 무엇을 어떻게 학습할 것인지를 소개하는 시간이다. 시작이 반이라는 경구는 우리 수업을 두고 하는 얘기로 들린다. 그만큼 첫 시간이 중요함을 말한다. 93명의 수강생 중에 몇 명의 학생이 강의에 참여하였을까. 가르치는 입장에서는 모두 이 시간에 들어와 강의를 보면 좋겠다고 생각하지만 비현실적인 기대라는 것을 잘 안다.

물론 강의를 반복적으로 볼 수 있기에 꼭 10시 30분에 수강할 필요는 없다. 그러나 첫 수업인 만큼 대다수는 이

참 다르게 시작한 시간

시간에 참여하였을 것으로 기대하고 싶다. 점차 시간이 지나면 요령도 생기고 수강 시간도 유연하게 활용하겠지만 말이다.

첫 강의에 대한 우리 학생들의 반응은 어떠할지 마음이 좀처럼 놓이지 않는다. 이들은 인터넷 강의에 아주 익숙한 세대가 아닌가. 단순히 익숙한 정도를 넘어 매우 세련된 인터넷 강의 형식에 족집게 같은 문제풀이 주입식 수업의 잣대로 오늘의 첫 강의를 어떻게 평가하였을지 자못 궁금하다.

지금은 그저 평소의 교정과 강의실 광경을 상상으로만 그려 본다. 직접 만나면 무엇을 해줄까 생각해 본다. 아쉬움과 미안함, 그리고 허전함을 무엇으로 어떻게 채워 줘야 할지 생각을 다듬어 꼼꼼히 적어 놓는다. 이 시기가 지나면 서둘러 잊어버리겠지만 그러지 않기 위해 꼼꼼히 적는다. 기록은 기억보다 오래 남는다. 기억은 선택적이고 자의적이다. 아쉽고 미안한 마음을 빨리 털어 내고 싶은데 지금 상황이 쉽게 털어 버리게 허락할 것 같지 않다. 기록이라도 해두려는 까닭이다.

이랬으면 좋으련만

3월 18일 (수)

아침 9시, 집을 나선다. 이번 학기에는 복장도 좀 편하고 캐주얼하게 하기로 마음먹었다. 과거와는 아주 다르게 말이다. 강의의 에티켓으로 여겼던 넥타이와 정장 차림에서 달라지기로 마음먹었다.

진한 청색이 들어간 청바지에 브라운 컬러의 가죽벨트를 했다. 신발도 밝은 톤의 브라운 컬러에 코끝이 살아 있는 구두로 매칭하였다. 약간의 깔맞춤이라고나 할까. 청색 옥스퍼드 기지의 와이셔츠, 그리고 약간의 회색 톤이 들어간 청색 머플러를 돌렸다. 몸에 딱 맞게 맞춘 꽤 점잖은 감색 양복을 입는다. 발걸음이 가볍다. 복장이 매칭되어서가 아니라 학기 초 우리 학생들을 만난다는 설렘이 계속 남아 있기 때문이다.

평소 다니던 동선을 따라 한강 다리를 건너고 경동시장을 지나 학교 주차장에 차를 세운다. 주차장 계단을 걸어서 올라온다. 넓게 확 펼쳐지는 조망과 신선한 공기를 크게 들이켠다. 차 안의 닫힌 공기, 주차장 계단의 공기와는 완연히 다르다. 문과대로 올라가는 계단과 경사 길은 정겨운 새싹과 나무로 잘 정돈되어 있다. 진달래의 수줍은 활짝 핌이 눈에 들어온다.

연구실에 도착하니 10시다. 강의 자료를 챙긴다. 오늘 강의 내용을 다시 쭉 훑어본다. 오늘 강의는 어떤 질문으로 시작하고 어떤 색깔로 진행할지 최종 튜닝을 한다. 지난주에 받은 자기소개서 몇 개를 살펴본다. 몇몇 학생의 사진과 이름을 기억해 둔다. 수업에서 이들 이름을 부르며 참여를 유도하기 위해서다.

강의실에 들어간다. 서관 132호, 격조 있는 강의실이다. 강단은 높고 넓다. 학생들의 좌석이 한눈에 다 들어온다. 무대로서 손색이 없다. 신입생이라 그런지, 서로들 하고 싶은 얘기가 많아서 그런지 웅성거린다. 한참을 끝나지 않는다. 좀더 주시했더니 자기들끼리 수군거린다. 조용히, 조용히 시선을 모았다.

다음과 같은 질문으로 수업의 문을 열었다.

"여러분, 사회학 하면 무엇이 떠오르나요?" "무엇이 연상되나요?" "What does come to your mind when you think of sociology?"

다분히 포괄적인 질문이다. 그 대답도 다양하다. 간단한 첫인상으로부터, 사회학 깊숙이 들어온 학자 이름도 튀어나온다. 대답을 간단간단하게 칠판에 넓게 쓴다. 그리고는 비슷한 것끼리 함께 집단 묶음grouping을 한다. 사회학의 정체성을 이끌어 내는 가장 기본적인 접근이다.

이렇게 학생들의 생각을 모아 본다. 사회학을 전공하는 초입에 있는 신입생이 가지고 있는 사회학에 대한 이미지, 선입견, 정체성을 파악한다. 이것은 강의의 눈높이와 넓이를 조정하는 중요한 기초 자료다. 그리고 사회학이란 무엇인가를 구성하는 내용을 펼쳐 낸다.

사회학을 공부한다는 것은 사회학적으로 사고하는 것이다. 'Thinking sociologically'를 큼지막하게 써놓고 사회학적으로 사고하는 것에 대한 ABC를 설명한다. 내가 가지고 있는 사회학의 정체성을 바탕으로 차근차근 전달해 본다. 넓은 강단에서 좌우, 앞뒤로 움직이며, 가끔은 초서체류의 날아갈 듯한 글씨를 칠판에 빠르게 써내려간다.

1시간 15분의 시간은 이렇게 채워진다. 시간은 쏜살같이 지나간다. 수업을 마치고 연구실에 잠시 앉아 약간의 나른함을 느낀다. 그래도 기분은 좋다. 금방 산뜻해진다. 정오가 가까워진다. 근처 점심 약속장소로 걸음을 옮긴다.

이것은 '예전의 강의를' 떠올리며 상상으로 적어 본 〈사회학적 상상력〉 제2강의 일지다. 이랬으면 좋으련만⋯.

상상력이 빠진 상상력 수업

3월 23일 (월)

나에게 수업은 교실에서 펼치는 일종의 라이브 공연이다. 라이브 공연은 학생들의 눈빛, 표정, 손놀림, 몸짓 하나하나와의 교감이다. 라이브 공연은 상황, 즉흥이 생명이다. 준비한 강의안이 보조 역할에 지나지 않을 때가 비일비재하다. 학생의 간단한 돌발질문 하나가 하루 수업의 전부를 채웠던 적도 있다. 언젠가는 논점이 크게 확대되어, 이것으로 소규모 포럼을 별도로 한 적도 있다.

수업이 풍성하다고 느꼈던 적은 거의 예외 없이 의도하지 않은 데서 만들어졌다. 의도하지 않은 소재의 대부분은 학생들과의 교감交感에서 나온다. 독백과 같은 녹화 강의에서는 이걸 기대하기 어렵다. 상상력을 어디에서 찾아야 할지 매우 당혹스럽다. 강의 일변도의 일방적 진행은 상상력과는 애초부터 거리가 멀다. 교육의 핵심인 끄집어내고 이끌어 낼 방도가 없지는 않겠지만 쉽게 잡히지 않는다.

나는 평소에 '초밥의 70%는 밥이 결정하고 샌드위치의 70%는 빵이 결정한다'는 생각을 갖고 있다. 극히 당연하게 생각하는 기본이 탄탄해야 한다는 의미다. 수업에서의 기본은 나의 강의 노트도 아니고 학생들의 예습도 아니고 나와 학생 사이의 교감이다. 몇 퍼센트라고 숫자를 얘기할 수는 없지만 수업의 절대 비중은 학생과의 교감에서 비롯한다. 교감에서 질문도 만들어지고, 잠재력도 끄집어내지며, 상상력도 나온다. 다시 초밥과 샌드위치로 돌아가서, 초밥 맛의 무한한 상상력은 기본인 밥에서 나오고 샌드위치 맛의 감춰진 상상력은 기본인 빵에서 나온다.

사회학으로의 입문인 〈사회학적 상상력〉 과목 제목은 본디 유명한 사회학자 밀스C. Wright Mills의 명저 *The Sociological Imagination*에서 따왔다. 1959년에 출간되었으나 60년이 지난 지금도 필독 명저 반열에 올라 있는 이 책은 여러 해 전에 전 세계 사회학자들이 회원으로 구성된 세계

사회학회가 주관하여 조사한 '현대사회학에 가장 큰 영향을 미친 저서' 서베이에서 두 번째 위치를 차지하였다. 어느 정도 비중을 가졌는지는 더 말할 필요가 없을 것이다.

상상력이란 용어를 사회학만큼 반복적으로 강조하는 학문도 없다. 절대적으로 밀스로부터 영향받은 바가 크다. 사회학도로서 사회 세계를 이해하고 진단하고 해법을 찾아 나서는 데 상상력이란 표현보다 더 적합한 것은 없다. 그래서 우리 학과에서도 사회학에 눈을 막 뜨는 학생들을 위한 첫 필수 과목을 〈사회학적 상상력〉으로 명명하였다.

녹화 강의를 몇 주 더 해야 할 것 같은 불편한 예감이 현실로 다가온다. 코로나19 확진자 상황이 그리 호전되지 않는다. 4월이 오면 가능할 것이라는 대면 수업에 대한 기대는 일단 접어야 할 것 같다. 여전히 강의에서 상상력은 어디에서 어떻게 만들어야 하나 고민한다. 카메라 렌즈에 시선을 맞추고는 상상력을 기대하기란 쉽지 않다. 나의 말, 나의 움직임 하나하나에 반응할 교감하는 무대가 그립다. 수업 내용은 상상력인데, 수업 형식이 그 상상력을 옥죄고 있다. 상상력 수업에 상상력이 빠진 상황이다.

당연한 것 바꾸는 그것이 혁신

3월 25일 (수)

오전 10시 30분, 몇 번을 주저주저하다 마침내 나의 녹화 강의를 보았다. 네 번째 강의 만에 처음부터 끝까지 보았다. 첫날부터 강의를 보고 싶었지만 용기가 나지 않았다. 두렵다기보다는 나의 말투, 나의 움직임이며, 마치 나의 벌거벗은 모습과 대면하는 듯하여 처음에는 낯이 확 달아올랐다. 불그레한 얼굴은 곧 사라졌지만 나의 모습을 제3자의 입장에서 보는 일은 상당한 용기를 필요로 했다.

나의 강의를 뚫어지게 보노라면 마음은 더 세심해지고 몸은 굳어진다. 말은 왜 저렇게 빨리 하며, 표정은 왜 저리 굳어 있는지, 간간히 히죽거리는 것 같은 미소는 무슨 뜻이 있는지, 한술 더 떠 칠판에 쓴 글씨는 왜 저렇게 휘갈

겨 써서 누가 보더라도 알아보기 어려운지 말이다. 자연스
럽지 않은 구석이 한두 가지가 아니라는 것을 단번에 알아
볼 수 있다. 얼굴이 화끈하다.

돌이켜 보면 한 번도 나의 강의를 오늘처럼 차분하게 그
리고 세세하게 복기復棋하듯 본 기억이 없다. 그동안 강의
실에서의 강의나 강의실 밖에서의 대중 강연은 녹화할 필
요가 전혀 없었다. 나의 강의를 보아야겠다는 생각조차 가
져 본 적이 없다. 엄격하게 비판하면, 자신의 강의에 대해
자기진단과 자기교정을 전혀 안 한 셈이다.

아주 오래전에 EBS 방송 대담 프로그램에 출연한 적이
있다. 사회자와 내가 단둘이서 한 시간가량 대담하는 형식
으로 진행되었다. 두 사람이 편안한 의자에 앉아 서로 마
주보며 사회자가 질문하면 내가 대답하는 형식이었다. '공
정사회'에 관한 대담으로 기억한다. 지금도 네이버에서 나
에 관한 인물 검색을 하면 이 대담 방송이 첫 화면에 떠 있
다. 지금까지도 본 적이 없다. 정확하게 표현하면, 보려는
시도조차 한 적이 없다. 보기 시작하는 순간 얼굴이 화끈
달아오를 것이 빤하기 때문이다.

코로나19가 준 또 하나의 값진 기회이자 교훈은 나의 강의를 객관화하고 나 스스로 자기 진단하는 것이다. 어찌보면 당연한 것인데, 이번 녹화 강의가 자기 진단의 계기를 준다. 당연한 것을 바꾸는 것, 그것이 혁신革新이다. 아무런 의심 없이 받아들인 일상과 루틴의 이름으로 진행된 것에 의문을 제기하는 것이 혁신의 출발점이다. 코로나19로 인한 비정상적인 상황에서 정상적인 생각을 한다.

불현듯 우리 학생들은 어떻게 수업을 대하는지 궁금해졌다. 나처럼 책상 앞에 정좌하여 녹화 영상을 보는지, 어느 카페에 앉아 커피 한 잔 앞에 두고 간간히 메모도 하며 1시간분의 녹화 강의를 보는지, 강의의 집중도는 높은지 등 관심 가는 대목이 한두 가지가 아니다. 인터넷에 익숙한 세대라 집중도도 높을 것으로 기대하지만, 그래도 대면 수업만은 못할 것이다. 소통은 말할 것도 없고 교육의 핵심인 사고력, 잠재력을 끄집어내는 일도 대면 수업이 월등할 것이다. 대면 수업을 기다리는 까닭이다. 단, 자신의 강의에 대해 끊임없는 복기와 진단을 반복적으로 한다는 조건에서만 대면 수업의 효과도 나타날 것이다.

이렇게 한 달을 보낸다.
This, too, shall pass.

3월 30일 (월)

이번 3월은 5주로 구성된다. 오늘이 다섯 번째 주 월요일이다. 이렇게 한 달이 지나간다. 그 어느 때보다 빨리 지나간다. 거리두기라는 이름으로 사람과의 관계를 자제하라는 분위기 속에서 생활은 단출해지고 관계는 축소된다. 당연히 해야 할 일이 손에 잘 안 잡히고 그저 그렇게 지내다 보니 3월은 훌쩍 지나간다.

  오늘 다섯 번째 수업 녹화 영상이 나갔다. 지난 두 주에 걸쳐 〈사회학적 상상력〉 수업의 1부 내용인 '사회학의 정체성을 둘러싼 입문'을 설명했다. 오늘부터 여러 시간에 걸쳐 사회학의 태두泰斗들에 대해 얘기한다. 콩트에 대한 간단한 설명에 이어, 맑스, 뒤르케임, 베버를 차례로 조망

한다. 아이작 뉴턴Isaac Newton의 명구로 전해지는 "거장의 어깨에 올라서서standing on the shoulders of the giants" 사회와 세상을 볼 수 있는 기반을 만들어 주려 한다.

오늘은 그 첫 번째 인물인 오귀스트 콩트August Comte를 탐문하는 시간이다. 사회학이란 학명을 만든 사회학의 창업자다.

'질서는 어떻게 가능한가'에 대한 사회학의 태생적 질문이 갖는 의미, 사회학이 태동하게 된 시대사적 배경과 학문적 시도에 관한 시작점을 펼쳤다. 사회학의 학문적 체계가 구축되기 전의 학자이긴 하지만 실증주의 방법론을 비롯하여 큰 축을 만들어 냈다. 다소 무모한 측면도 있지만 일종의 사회학 제국주의sociological imperialism를 꿈꾼 학자이기도 하다.

10여 년 전 프랑스 파리를 걸으며 골목골목을 통달한 지인의 안내로 파리를 탐방한 적이 있다. 그때 콩트가 학문적 열정을 쏟았던 시기의 거주지를 찾아갔다. 사회학자에게 안내해야 하는 루트의 하나로 콩트의 흔적을 찾아가는 일은 의미도 있을 뿐만 아니라 보람 있는 경험이 아닐 수 없다. 여기서 콩트가 언제부터 언제까지 머물렀음을 알려주는 단아한 동판銅版을 기억한다. 그때의 기억을 되살리니 강의는 한층 더 윤기가 난다.

정부가 본격적인 사회적 거리두기 캠페인을 한 지 일주일이 지났다. 코로나19 확진자 수가 좀처럼 줄어들지 않는다. 해외진입자의 비중이 커지고 있다. 외국인 입국 제한이 쟁점으로 떠오른다. 제한을 두지 않겠다던 정부도 이제는 문을 잠그는 쪽으로 방향을 잡는 듯하다. 의료 전문가들은 의료 방역의 관점에서 문을 걸어 잠가야 한다고 강력히 주장하는 반면, 정부는 그럴 경우 감수해야 할 일들이 한두 가지가 아니라는 이유로 주저한다.

오늘 강의는 '이 또한 지나가리라', 'This, too, shall pass'를 칠판에 쓰면서 시작했다. 이 경구는 페르시아의 우화寓話에서 유래했다는 설도 있고, 유대교의 경전에서 유래한 것으로 다윗 왕의 반지에 새겨 넣은 솔로몬 왕자의 글귀라는 설도 있다. 어디에서 연유하든 여기에는 행복할 때 자만하지 말고, 불행할 때 좌절하지 말라는 깊은 뜻이 담겨 있다.

참 다르게 시작한 시간

실제로 링컨 미국 대통령은 1859년 위스콘신 농업사회에서의 한 연설에서 이 문장을 두고 "얼마나 우리를 채찍질하는 문장이며 깊은 고통 속에 있는 우리에게 얼마나 위안이 되는 문장인가"라고 말하며, 정말로 많은 것을 표현한 것에 대해 감탄한 바 있다고 전해진다. 최근에는 도산대로의 한 자동차 판매장 간판 위에 이 문장이 크게 붙어 있다. 지금의 상황에서는 현실적 희망, 소박한 희망을 표현하는 상징적인 문구다.

소박한 희망을 전달하며 〈사회학적 상상력〉 3월 수업을 마무리한다. 4월부터의 대면 수업에 대한 기대는 산산이 부서졌다. 한 달 동안 몇 번의 실망을 했는지 모르겠다. 앞으로 얼마나 여러 번의 실망을 더 해야 할지 날짜를 세는 것이 두렵다. 이제는 매주 녹화 강의 일정을 잡는 일이 일상이 되어 간다.

'이 또한 지나가리라'라고 생각하며, 오는 4월 한 달은 지적 낙관주의, 현실적 낙관주의를 품으며 수업을 준비하기로 마음먹는다.

2부

우리의 인내를
시험한 시간

사회화 공간으로서 캠퍼스는
언제 돌아오려나

4월 6일 (월)

대학교 1학년 새내기일 때 나의 삶은 캠퍼스가 전부였다. 군청색 세미 양복 스타일의 일명 '교복'을 입고, 학교 배지를 달고, 어떤 날은 모자도 쓰고 캠퍼스를 향하는 발걸음은 언제나 신나는 외출 그 자체였다. 교양국어, 교양영어 수업은 마치 고등학교 4학년 과목 같아 크게 흥미를 느끼지 못하였지만 두툼한 교과서를 들고 다니는 자체가 싫지 않았다.

당시에는 '교양'이란 제목에 크게 호감을 갖지 못했다. 교양을 현대인이 갖추어야 할 지식 정도로 이해한 탓이기도 하다. 교양이란 모든 것을 다 잊어도 남는 것이며, 아무리 채워도 모자라는 것이 교양이라는 점을 터득하는 데는 제법 많은 시간이 걸려, 내가 가르치는 입장이 되었을 때에야 비로소 이를 이해했다.

새내기 시절 정말로 좋았던 것은 교양관 건물 앞 잔디밭에 친구들과 둥그렇게 둘러앉아 사회를 향해 막 눈뜬 시각으로 세상 얘기, 문사철文史哲 얘기를 나누고, 친구의 일화를 품평하는 일이었다. 하루가 어찌나 빨리 지나가는지 모를 정도였다. 가끔 학과 선배들이 끼면 우린 언제나 저런 엄청나게 그럴듯한 썰(?)을 풀 수 있을까 하는 존경의 의문을 갖기도 하였다.

거의 매일 벌어지는 저녁 시간의 술자리는 술도 잘 마시지 못하면서 빠짐없이 쫓아다녔다. 술자리에서는 그럴듯한 얘기가 더 많이 나온다. 심장이 벌렁벌렁해지는 것은 알코올이 몸속에 침투한 때문이기도 하지만, 선배들이 읊조리는 시 한 수, 처음 듣는 학자, 시대의 과제인 민주화를 향한 열변에 감동하기 일쑤였기 때문이다. 그때는 그것이 내가 학습하고 숙지해야 할 규모와 범위를 정해 주는 목표가 된 셈이다. 그래서 이틀이 멀다 하고 벌어지는 사발식은 싫지가 않았다. 술자리의 루틴은 거의 동일하였지만 그 루틴에서 오고 간 무수한 말의 섞임은 하루하루 내가 성장하고 있음을 의미했다.

입학하고 한 달쯤 지나 학교가 강제적으로 문을 닫는 엄혹한 시절이 닥치면서 캠퍼스에서의 일상생활은 상당 기간 끊어졌지만, 이미 나의 체질, 사고, 문제의식은 동력이 붙어 질주하는 기관차와 같이 달리기 시작했다. 이렇듯 나에게 새내기 때의 캠퍼스는 사회화 공간의 전부였다. 나의 이후 생활은 어떤 의미에서 이때 경험했던 한편의 패기와 다른 한편의 선망羨望의 교차점에서 이루어졌다.

사회학 공부를 좀더 해보고 싶어 대학원에 진학하고 미국으로 유학의 길을 선택한 것에는 1학년 때 친구들, 선배들과 함께 토론한 서적과 뒹굴었던 시간이 큰 역할을 하였다. 돌이켜 보면 이때 캠퍼스는 나에게 가장 신성한 신전 같은 곳이었다.

입학통지서를 받고 대학 캠퍼스를 손꼽아 기다리던 이번 2020학번 신입생들에게 내가 학습하고 경험한 사회화 공간으로서의 캠퍼스는 존재하지 않는 듯하다. 입학식, 신입생 환영회도 변변히 못 한 학번이다. 교가, 응원가는 말할 것도 없고 구호 한 자락 제대로 외쳐 보지 못한 학번이다. 선배들의 내공內功을 접할 기회조차 갖지 못한 학번이다. 무궁무진한 사고의 창고가 열리려고 꿈틀대는 순간 닫혀 버린 상태다. 물리적 공간으로서의 캠퍼스는 말할 것도 없고 사회적 공간으로서의 캠퍼스를 이네들이 경험할 수 있는 시간은 언제나 올는지 마냥 기다리게 하는 것이 안쓰럽다.

새내기의 사회화 공간으로서 캠퍼스는 언제 돌아오려나.

강의에 번호와 이름을 부여하며

4월 8일 (수)

예전에는 안 하던 말로 수업의 말문을 연다. "오늘은 〈사회학적 상상력〉 제 몇 강입니다." 이번에도 예외 없이 "오늘은 〈사회학적 상상력〉 제 8강입니다"라고, 수업의 정체성인 양 강의에 번호를 붙인다.

　강의에 번호를 붙이는 것은 다음과 같은 이유에서다. 강의는 대체로 일주일 전에 녹화된다. 그것도 녹화시간이 정확하게 고정되어 있는 것이 아니라 촬영을 지원해 주는 쪽의 예약 상황에 따라 결정된다. 물론 나의 스케줄도 들쭉날쭉 편의에 따르다 보니 강의 녹화시간이 일정하게 고정되어 있지 않다. 대체로 일주일 전 어느 시간에 잡힌다. 그러다 보니 오늘 녹화한 것이 언제 방영되는지 종종 헷갈

린다. 강의 내용의 라인업이 혼선을 빚을 때도 있다. 그래서 몇 번째 강의인지를 수업 담당 조교에게 수시로 확인하곤 한다. 그러다 보니 강의시간에 1강, 2강, 3강과 같은 넘버링을 붙이는 것이 강의 내용이나 진도를 확인시켜 주는 가늠자 역할을 한다. 뿐만 아니라 수업 플랫폼인 블랙보드의 강의자료 칸에 녹화 영상을 수업시간 전에 업로드하는 만큼 1강, 2강, 3강과 같은 형태로 탑재해야 정리하기 편하다.

매 시간 강의에 넘버링을 하는 것은 30년 넘게 강의해온 동안 이번 학기가 처음이다. 이러다 보니 매 시간 강의가 독자적인 존재감을 갖게 된다. 1강, 2강, 3강과 같은 숫자뿐만 아니라 그날 강의의 핵심을 뽑아 별도의 이름을 붙이면 더욱 탄탄한 존재감을 갖는다. 이를테면 1강은 '첫 만남, 강의계획서 소개하다', 2강은 '사회학의 세계로 들어가다', 3강은 'Debunking의 매력에 빠지다' …. 모든 강의가 한 편의 연속 다큐멘터리가 된다.

이번 학기는 코로나19로 평소보다 한 주 줄어든 15주로 구성된다. 여기서 공휴일 하루와 중간고사 하루를 빼고 14

주간 매주 2번씩(월·수), 총 28번의 수업이 진행될 예정이다. 28편의 단편 다큐가 만들어지는 셈이다. 물론 연속물이고 매번 주연이 고정되어 있어 세속적인 재미의 기준으로 보면 별로지만, 강의의 내용과 질로 승부를 보아야 한다는 다짐을 스스로에게 부과하는 일임에는 분명하다. 강의에 번호를 붙이고 이름을 부여하는 것은 매 시간 강의에 새로운 품격을 부여하는 일이라고 자평해 본다.

강의 넘버링은 일주일 전에 녹화함에 따른 혼선을 피하기 위한 형식적 편의로 시작되었지만, 매 수업의 정체성과 품격을 부여하는 일이 되었다. 넘버링이 의도한 것보다는 의도하지 않은 것에서, 공식적인 것보다는 비공식적인 것에서, 명시적인 것보다는 잠재적인 것에서 꽃이 더 활짝 핀다는 사회학의 명제를 실현시킨 셈이다.

넘버링numbering에 더하여, 그날 강의를 아우르는 네이밍naming은 수업의 격을 높이는 것은 물론이고 수업에 대한 나의 책무를 스스로에게 각인시켜 준다. 인터넷 강의가 나에게 준 새로운 의미부여다. 지금까지의 강의를 다시 돌려보며 매일매일의 강의에 이름 짓기를 해보련다. 번거로운 일이지만 강의에 생명을 불어넣는 일이라고 생각하니 마음이 움직인다.

요즘 우리의 멘탈을 잡아 주는 3가지

4월 13일 (월)

전염, 재난, 방역, 공포, 불안, 거리두기 …. 요즘의 상황이다. 어디에 마음 하나 푸근하게 붙일 데가 없다. 이럴 때일수록 마음을 붙들어 줄 무언가를 기다리는 것은 당연한 일인지도 모른다. 일시적인 마음의 여유이든 마무리의 끝자락이 보이는 희망의 징후이든, 큰 것이든 작은 것이든, 나라 안 이야기이든 나라 밖 이야기이든, 고담준론高談峻論의 중압적 표현을 빌리든 저잣거리의 소담한 얘기를 되풀이하든 상관없다. 위안과 안도의 고리를 보여 줄, 우리의 마음이 기댈, 우리의 멘탈을 잡아 줄 무언가를 갈망한다.

지난 두 달 반 남짓의 시간을 돌아보며 우리에게 위안을 준 것들을 생각해 본다. 이를테면 전쟁 때는 전방에서든 후방에서든 모두의 멘탈을 잡아 주는 이야기는 단연 승전보勝戰譜다. 오늘의 전염과 공포의 시간 속에서 전쟁과 같은 승전보까지는 아니더라도 우리의 멘탈을 잡아 줄 3가지를 적어 본다.

① 질병관리본부장의 브리핑

코로나 상황을 매일 국민에게 브리핑한다. 브리핑에 군더더기가 없다. 기교가 보이지 않는다. 표정이나 표현이 일정하다. 표정은 진지하고 표현은 진솔하다. 발음은 정확하다. 정보가 많다. 하루라도 저녁뉴스에 등장하지 않으면 무슨 일이 있나 두리번거리게 된다. 간간히 취재된 사적인 이야기는 전문가의 직업윤리를 생활화하는 전문가라는 믿음을 준다.

'지금 가장 신뢰하는 사람을 한 명 꼽으라면 누구를?' 같은 전국 서베이를 한다면 정은경 본부장이 단연 으뜸일 것이다. 있는 것은 있는 그대로, 그래서 믿음이 생기고 불안을 확대 인식하지 않고 사실대로 볼 수 있도록 해주는 것이 멘탈을 잡아 주는 구체적인 내용이라고 한다면, 우리 사회의 멘탈을 잡아 주는 1순위로 정 본부장의 브리핑을 지목하는 것은 그리 어려운 선택이 아닐 것이다. 가장 단순한 설명이 가장 정확한 해결책이며 가장 확고한 신뢰다. 정 본부장은 이것을 실천하고 있다.

② 〈미스터 트롯〉

목요일 늦은 밤 시간을 이렇게까지 기다려 본 적이 있나 싶다. 사실 트롯은 친근도의 측면에서 우리 일상의 상위 몇 위 안에 들어갈 정도로 친숙하다. 그럼에도 불구하고 이런 저런 이유로 우아하거나 격조 있는 것으로 평가받지 못하는 대표적인 사례였다. 대놓고 좋아한다고 얘기하지 못한 그런 트롯이 요즘 우리 마음을 잡아 주고 흥을 만들어 주고 그 시간을 기다리게 하는 효자 노릇을 톡톡히 한다. 불안을 잠시라도 잊고 흥얼거리게 하는 것으로 이것만 한 것이 어디 있을까 싶다.

〈미스터 트롯〉은 우리의 정신줄을 3시간 가까이 놓게 만든다. 정신줄을 놓게 만드는 것이 우리의 정신줄을 잡아 준다. 이건 모순어법*oxymoron*이다. 그래서 참 다행이다. 이런 때에 〈미스터 트롯〉이 있어서 말이다. 코로나 사태가 끝날 때까지 후속 프로그램이 계속 이어지기를 바란다. 코로나19와 〈미스터 트롯〉은 어휘상으로는 아무런 연결고리가 없지만 시대의 어려움을 넘어서는 일에 〈미스터 트롯〉이 든든한 뒷배가 된다. 누군가 "코로나19를 어떻게 넘어갔나요?"라고 묻는다면 나는 〈미스터 트롯〉이라고 대답하련다. 이 시기에 이건 우리 사회의 복이다.

③ 외신

내부적으로는 엄청나게 힘들지만 우리에 대한 외부의 시선은 지금의 불안쯤은 별것 아닌 것으로 만들어 준다. 솔직히 말하면 우리 사회는 외부의 시각, 외신의 평가, 외국 학자의 진단에 과도하다 싶을 정도로 예민하게 반응한다. 좋은 일이든 나쁜 일이든 외신에 한 번 나오면 국내에서는 대서특필을 한다. 외부의 평가에 과도하게 의존하는 경향은 우리의 역사가 보여 준 경로의존의 성격이 강하기에 특별히 곱지 않은 시선으로 보지 않으려고 해도 불편한 것은 사실이다. 저간의 사정이야 어떠하던 간에 코로나19에 대한 한국의 대응과 한국인의 대처에 세계가 관심을 넘어 부러움과 모범사례로 꼽는 것을 보며 우리의 일상을 다시 본다. 어려운 시기에 우리의 멘탈은 나라 밖에서 들어오는 발신에서 더 확고하게 자리를 잡는다.

요즘 우리의 멘탈을 잡아 주는 것으로 여러분은 무엇을 꼽나요? 혹시 마스크라고 대답하지는 않을지. ㅎㅎ

그동안 불필요한 것이 참 많이 있었구나

4월 15일 (수)

코로나19는 인간이 모더니티*modernity*의 문명이란 거창한 이름으로 살아온 그동안의 방식에 근본적인 질문을 던진다. 몇 달 동안 현대문명의 이기利器가 잠시 멈췄더니 자연은 놀라운 환호로 답례한다. 베니스의 수로가 파스텔 톤의 파란색으로 변신했다고 한다. 인공위성이 투명하게, 아니 뻥 뚫린 중국 상공의 청정 하늘을 찍어 보낸다. 평소 뿌연 모습으로 흐릿하게만 보였던 히말라야가 마치 옆에 있는 듯 신비와 웅장, 그 본연의 자태에 가까워졌다는 인도의 이야기가 해외 뉴스로 들어온다. 아프리카의 사파리공원 길가에서 대자大字로 무리지어 낮잠 자는 사자의 모습은 그동안 인간이 차지한 공간이 어디쯤 있어야 하는지를 반문ㄥ閒하게 만든다. 한쪽으로 많이 기울어졌던 자연 생태가 균형을 찾아 조금씩 이동하는 징표들이다.

코로나19는 우리에게 필요한 것은 무엇이고 불필요한 것은 무엇인지 성찰할 것을 요구하고 있다. 그동안 인류는 필요의 이름으로 무엇이든 주워 담느라 정신이 없었다. 아니, 쓸어 담느라 정신이 없었다고 표현하는 것이 더 정확할지도 모른다. 왜 필요한지, 얼마만큼 필요한지는 생각하지도 않은 채 경쟁의 바퀴가 전속력으로 돌아가면서 속도가 붙고 관성이 되었다. 남들이 하니 나도 따라서, 때로는 다른 사람과 구별 지으려 남들이 가지고 있지 않은 것을 애써 주워 담기도 했다. 문명은 과잉의 함수인 양 탐욕을 채우느라 분주했다.

코로나 사태를 경험하면서 필요 없는 것이 무엇인지를 알게 되었다. 그동안 불필요한 것이 참 많이 있었구나. 물건을 구입하는 것이며, 관계를 맺는 것이며, 그동안 '이것은 반드시', '이 정도는 유지해야지' 하며 바삐 쫓아다닌 그간의 경로를, 그간의 흔적을 되돌아보게 된다. 코로나19가 작금의 인류 문명에 던진 가장 큰 교훈은 필요 없는 것이 무엇인지를 찾아보는 것임을 놓쳐서는 안 된다.

이 시대에 있어 웰빙이란 다소 불편하게 사는 것이다. 다소 절제하며 사는 것이며, 다소 느리게 사는 것이다. 그러면서 다소의 불편, 다소의 절제, 다소의 느림을 우아하게 여기는 것이다.

불편의 미학, 절제의 미학, 느림의 미학을 상찬해야 한다. 필요의 이름으로 필요의 문명이 만들어 놓은 결과는 과잉 풍요, 과잉 양극화였다. 원래 모습으로의 복원은 꿈도 꿀 수 없는 상황이 되었다. 모더니티의 문명을 코로나19는 다시 성찰하게끔 한다.

코로나19가 문명사적 전환의 계기가 되려면 무엇보다 그동안 불필요한 것들을 너무 많이 가지고 있었음을 숙지해야 한다. 불길한 예감이 든다. 코로나19가 잠시 수그러들거나 일상이 되면서 잠시 가졌던 성찰은 온데간데없고 그동안 주춤했던 경쟁의 논리가 다시 기승을 부리려고 한다. 잠시 멈추었던 작용을 만회라도 하듯이 반작용의 움직임이 크다. 기후파괴나 생태계의 혼돈은 더 큰 보폭으로 움직일 태세다. 불 보듯 빠하다. 불필요한 것에 대한 집착이 다시 스멀스멀 꿈틀거린다.

오늘 수업에서 해주고 싶은 이야기다.

"그동안 불필요한 것이 참 많이 있었구나. 요즘처럼 살아 보니 알겠네."

"자연이 잠시 우리에게 선보인 답례의 교훈을 결코 가볍게 넘겨서는 안 된다네."

"전염이 무엇을 폭로하려고 하는지 잘 들어 보게나."

조르다노의 《전염의 시대를 생각한다》를 읽고

4월 20일 (월)

절절切切하다. 간절懇切하다. 이렇게 절절하고 간절한 심정으로 쓰인 글이 어디 또 있을까 싶다. 이탈리아 작가 파올로 조르다노Paolo Giordano의 《전염의 시대를 생각한다Nel Contagion》를 단숨에 읽었다. 30편 정도의 그리 길지 않은 에세이지만 단 한 편도 무덤덤하게 넘어갈 것이 없다. 그래서 단숨에 읽었는지도 모른다. 에세이에 밑줄 친 적이 있었는지 기억이 가물가물하다. 그런데 이 책에는 여러 군데, 아니 아주 많은 곳에 연필로 밑줄을 쳤다. 아니, 밑줄을 칠 수밖에 없었다고 표현하는 것이 정확할 것이다.

대체로 지난 2, 3월에 쓴 글이다. 이탈리아어로 출간되고, 우리말로 번역하고, 인쇄하여 서점 매대에 진열되는

시간을 어림잡아 보니 전염의 확산 속도만큼이나 빨리 책
이 만들어졌구나 하는 다소 엉뚱한 생각도 가져 본다. 이
건 해외직구 수준의 실시간 출판이다. 이건 번외番外의 이
야기이지만, 책 내용의 절박함이 독자들에게 전달되는 시
간의 간극을 최대한 좁히려는 노력으로 읽힌다.

구구절절句句節節이 때로는 냉철한 두뇌를 때로는 따뜻
한 가슴을 마구 헤집어 놓는다. 저자는 물리학자답게 그리
어려운 과학적 이야기는 아니지만 과학의 언어를 적절하
게 언급하며 논지의 엄밀함을 갖추었다는 믿음을 준다. 베
스트셀러 작가답게 가슴을 헤집는 표현은 글이 보여 주는
전문 학술적 표현으로 이론치理論値에 가까이 가 있다.

이러한 평가를 내린 만큼 더 이상의 언급은 중언부언重
言復言에 다름 아니다. Say it over and over again. 연필
로 밑줄 친 대목의 일부를 그대로 옮겨 본다.

- 전염의 시대에 연대감 부재는 무엇보다도 상상력의
  결여에서 온다.
- 전염의 시대에 인간은 섬이 아니다.

- 전염의 시대에 우리의 능력은 자신에게 가하는 형벌이기도
  하다.
- 인간은 끝없이 식탐을 부린다.
- 과학의 잡초는 추측조차 허위사실이다.
- 가장 단순한 가정, 즉 논리적 비약이 없는 해결책이 가장
  정확한 해결책이다.
- 의심의 굴레는 모든 것을 갈아엎는다.
- 극심한 공포는 숫자에서 나오는 게 아니라 그 고리에서
  솟아나온다.
- 여태껏 일상생활이 이렇게 중요한 의미로 다가온 적은 없다.
- 정확히 그 실체가 무엇인지도 알지 못했던 정상상태가
  한순간에 우리가 지닌 가장 신성한 것이 되었다.
- 로마의 아름다움은 이제 그 어떤 위안도 줄 수 없다.
- 전염의 시대에는 아름다움조차 의심하게 된다.
- 우리는 쓰레기를 버리러 나갈 때 명분이 필요할 거라고는
  전혀 예상하지 못했다.
- 전쟁이 끝나면 모두 끔찍했던 기억을 서둘러 잊으려 한다.
  질병도 마찬가지다. 그래서 나는 잊지 않겠다고 다짐한 것들,
  리스트를 작성하고 있다.

이 책의 서문은 별도로 없지만 첫 글, "땅에 발을 딛기 위하여"가 서문으로 갈음된다. 왜 글을 쓰느냐에 대한 대답이다. 인용해 본다. "나는 글을 쓰며 이 공백기를 보내기로 했다. 뉴스 예보를 주시하며 눈앞에 펼쳐진 현실을 이해하고 싶어서다. 때때로 글쓰기는 균형을 잡기 어려울 때 땅에 발을 디디고 서 있게 하는 바닥짐이 될 수 있다. 하지만 다른 이유도 있다. 나는 이 전염이 우리 자신에 대해 폭로하는 것에 귀를 막고 싶지 않다."

글을 쓰는 목적이 이보다 더 뚜렷할 수는 없을 것이다.

학교신문에 실린 신입생의 글

4월 22일 (수)

이번 주 학교신문을 넘기다 시선을 멈췄다. 우리 사회학과 20학번 학생 두 명의 글이 나란히 실렸다. 〈사회학적 상상력〉을 수강하는 학생들임을 단번에 알아볼 수 있었다. 관심이 더 간 것은 당연한 일이다. 궁금하였다. 제대로 된 대학생활을 시작도 못 한 신입생들은 어떤 생각을 하는지, 어떤 아쉬움과 어떤 기대를 하는지도 궁금했고, 글쓰기는 어떠한지도 궁금했다.

글의 제목은 "코로나가 훔쳐간 손수건", "사이버로 시작한 나의 첫 대학생활"이다. 하나의 제목은 함축적이고 다른 하나의 제목은 사실적이다. 그러나 내용은 모두 지난 두 달여 자신들의 일상을 가감 없이 토해 냈다. 때로는 감상적으로, 때로는 이성적으로 자신들의 요즘을 풀어낸다. 의기소침한 구석도 있으나 자신들을 새로운 생각으로 초대하려는 노력이 짧은 글에서 물씬 묻어난다.

"코로나가 훔쳐간 손수건"은 유치환의 〈깃발〉을 글의 시작으로 인용하며 대학이야말로 자신의 손수건이 가리키는 이상형이며, 다소 시간이 지난 오래전 모습이긴 하지만 그때의 대학을 이상향으로 설정한 점에서 신입생답지 않은 성숙함을 보인다. 과거의 대학이 어떠하였는지를 어렴풋이나마 아는 듯하다.

"사이버로 시작한 나의 첫 대학생활"은 코로나가 입학의 설레는 기대를 속절없이 무너져 내리게 하였으며, 요즘은 그래도 이 시간이 곧 끝나고 소중한 만남이 빨리 오기를 기다린다는 나지막한 톤의 얘기로, 이제 막 스무 살을 넘긴 신입생이라고 보기 어려우리만큼 담담함을 준다.

글이 아주 좋다. 읽어 내려가면서 막히는 곳이 없다. 앞의 글이 격정체(?)라면 뒤의 글은 차분체(?)라고 할 수 있겠다. "대학에 가서 이 세상에 제대로 개겨 보겠다는 야심을 가졌다"는 대목에서 빵 터졌다. '아니, 어떻게 이런 객기 있는 표현을 할 수 있지' 하고 내심 놀라움을 감출 수 없었다. 제도권 교육으로 다듬어진 것과는 거리가 아주 먼 야생마野生馬 같다. "표현이 물건이네"라고 총평을 하고 싶다. 그런가 하면 너무나도 차분하게 일상을 묘사하고, 모든 기대가 사라진 터이지만 그래도 소중한 만남을 기다리겠다는 소망 섞인 표현에는 여리디여린 티가 엿보인다.

글이 놀랍도록 조리가 있다. 대학에 막 들어온 신입생의 글이라고는 믿기 어렵다. 이런 글을 쓰는 학생들과 빨리 만나고 싶은 마음이 더 드는 것은 당연한 일일 것이다. 그리고 이 글을 쓴 주인공들에게 개겨 보고 싶은 것의 구체적 내용이 무엇인지, 또 어떤 기대가 산산이 무너졌는지 물어보고 싶다.

새 학기가 시작한 지 두 달이 되어도 만나지 못하는 안타까움이 여기저기에서 툭툭 튀어나온다. 무슨 일이 있어도 2주 뒤 중간고사 후에는 꼭 강의실에서 만나리라고 속으로 다짐해 본다. 오늘도 조리 있는 생각을 글로 풀어내는 학생들을 빨리 강의실에서 만나기 위해 다소 무리가 따를지라도 대면 수업을 일부라도 시행해 보기로 몇 번이나 마음먹는지 모른다. 학생들을 극히 일상적인 수업에서 만나려고 할 때조차도 이런저런 이유와 핑계가 있어야 할 거라고는 꿈에도 생각해 보지 못했다.

이틀분의 녹화 강의를 올려놓으며

4월 27일 (월)

오늘은 4월 27일, 월요일. 오늘 강의와 수요일 강의 이틀분을 어제 저녁 한꺼번에 올려놓았다. 보통은 수업 당일 아침 혹은 하루 전날 밤에 녹화 강의를 블랙보드 강의자료실에 업로드하는데, 이번에는 수요일 강의까지 앞당겨 며칠 일찍 볼 수 있게 했다. 다음 주에 있을 중간고사에 대한 질문이 이메일로 많이 오기 때문이다. 인터넷을 통해 시험을 보는 탓이다.

인터넷으로 시험 보는 것은 학생들이나 나나 처음 있는 일이다. 대학 들어와 정식 시험이 처음인 만큼 어떤 유형의 문제가 출제되는지에 대한 1학년생들의 궁금증은 클 수밖에 없다. 지난 수업에서 나는 우리 시험은 여러분들이 과거 수년 동안 익숙해 있던 선택형이나 단답형 문제가 아니며, 그간 학습한 것을 바탕으로 자신들의 생각을 잘 녹여내서 작성해야 한다고 얘기한 바 있다. 인터넷 중간고사 형식, 문제 유형, 유의점과 같은 일종의 가이드라인은 수요일 강의 앞부분에 자세하게 구체적으로 안내해 놓았다. 그래서 이틀 정도라도 답안 작성 방식에 대한 준비 시간을 더 주기 위해 한꺼번에 이틀분의 녹화 강의를 올려놓은 것이다.

우리 학생들이 갈수록 학점에 더 예민해지고 연연해한다. 언제부턴가 재수강은 학점을 높이기 위해 쉽게 택하는 방법이 되었다. 난이도가 있는 수업이나 학점이 박하다고 소문난 수업은 강의의 중요도나 교수의 명성과는 상관없이 수강 신청의 후순위에 있다고 한다. 물론 일부 학생들의 이런 태도가 캠퍼스의 모든 광경으로 과장되어 회자하는 점도 있어 일반화하는 것은 금물이다.

학점도 중요하지만 대학에 온 만큼 사회에서의 책임과 미래를 향한 다양한 경험과 준비를 교실 안팎에서 해야 한다는 얘기를 해도 과거와는 다른 반응으로 돌아오는 것은 부인하기 어렵다. 어떤 이는 이것을 학점의 종속이라고까지 혹평하지만 그 정도는 아니라고 하더라도 학점에 연연해하는 일이 점점 심해지는 것만큼은 분명하다.

사실 이런 지경이 된 데에는 대학의 책임이 가장 크다고 하지 않을 수 없다. 한 예로, 한국 대학에서의 장학금은 성적장학금이 대세다. '성적 좋으면 장학금 수여'라는 등식이 대학이 생긴 이후 지금까지 지속되어 왔다. 장학금을 성적의 보상으로 주는 것에 그 누구도 의문을 제기하지 않았다.

이런 세태를 넘어서 보고자 우리 대학은 5년 전 과감하게 성적장학금 제도를 폐지했다. 장학금이란 필요로 하는 학생들에게 주어져야 한다는 취지였다. 학점이 좋은 것에 대한 보상으로 장학금을 지급하는 것은 우리의 교육철학과도 맞지 않다는 판단에서다. 이를테면 미국 대학에서도 성적으로 장학금을 주는 예는 극히 드물다. 내가 아는 범위에서는 단 하나의 대학도 없다. 여기에는 분명한 이유가 있다. 장학금이란 필요를 기반*need based*으로 수여하는 것이지 보상으로 주는 것이 아니기 때문이다.

오랫동안 장학금 제도가 시행된 이후 대학이든 사회든 한 번도 이런 논리를 진지하게 생각해 본 적이 없었다. 그저 장학금은 성적 좋은 학생에게 주는 것이라는 관행에 따른 것이다. 우리 대학에서 성적장학금 제도를 폐지하니 성적을 중시하지 않는 대학이라는 말도 안 되는 비난의 화살이 쏟아졌다. 성적이 좋은 학생들에게는 성적장학금 대신 자신들이 기획하는 것이 있으면 제안하라고 했고, 여기에 적극 장학금을 주는 정책을 시행했다. 이름하여 '진리장학금' 제도이다. 각자 가지고 있는 필요가 있으면 그것에 맞게 학교가 장학금을 지원한다는 정책을 확고하게 만들어 놓은 것이다. 주지하듯이 우리 사회에서 장학금의 절대적인 필요는 경제 사정이나 가정 형편에 있다.

성적에 너무 조바심을 내고 성적에 올인하는 분위기를 보면 안타까운 마음이 들지만, 학생들이 책임지거나 비난받을 일은 아니다. 기성사회가 이네들에게 잘못된 시그널을 주었고, 학점으로부터 자유롭지 못하게 강요했기 때문이다.

번외의 얘기를 하나 추가하면, 코로나19로 수업이 '비정상의 정상' 형태로 진행됨에 따라 학점이 전체적으로 많이 상향될 것이라고 전망들 한다. 두고 볼 일이다. 이번 학기에는 채점하고 학점을 매길 때도 이런저런 별도의 명분이 필요할 듯하다.

우리의 인내를 시험한
잔인한 4월을 보내며

4월 29일 (수)

4월 29일 0시 현재 코로나 확진자 수 10,761명, 사망자 246명이다. 우리가 언제 감염 관련 숫자에 이렇듯 예민한 반응과 불안을 가진 적이 있나 싶다. 4월 초에는 하루 확진자 수가 100명 단위였는데, 4월 말로 들어서며 10명 단위로 대폭 줄어들었다. 한 달 사이에 많이 호전된 것이다. 사회적 거리두기 현수막이 사방에 붙어 있다. 사회적 거리두기 캠페인은 일종의 강압적 계몽을 연상케 한다. 그러나 이런저런 불편함은 공동체의 안위와 함께 받아들이는 분위기가 압도적이다. 적어도 지금까지는 개인의 양보와 공동체의 요청이 수렴하는 지점에서 일정한 합의가 만들어지고 있다.

전염 시대의 사회질서는 방역과 인권의 복잡한 함수 관계에 있다. 코로나19가 종식된 후 이를 기록하는 백서白書에는 "개인의 양보와 공동체의 요청 사이의 균형"이라는 챕터가 꼭 들어가야 한다. 한 걸음 더 나아가 핵심 챕터가 되어야 한다. 코로나19를 둘러싼 수많은 논제와 이슈 중 가장 중요한 대목이기 때문이다.

4월이 되면 T. S. 엘리엇의 〈황무지The waste land〉를 한 두 번 정도는 장식으로든 실상으로든 얘기하곤 한다. "4월은 가장 잔인한 달"로 시작하는 〈황무지〉는 20세기를 대표하는 시로, 난해하기로는 세상에서 둘째가라면 서러워할 정도다. 시의 형식이나 내용은 물론이고 분량도 일반적인 통용의 범위를 훨씬 넘어선다. 그럼에도 불구하고 가장 많이 회자되고 인용되는 대표적인 시의 반열에 우뚝 올라 있다. 〈황무지〉는 제1차 세계대전 후 유럽의 황폐한 모습을 상징적으로 표현한 작품이다. 이때의 혼란, 환멸, 절망이 잔인한 4월의 의미로 해석되곤 하지만, 가장 잔인한 것의 상징은 투영되는 상황에 따라 다르다. 그저 봄을 겪는 만물의 변화가 잔인할 수 있겠다는 때로는 낭만적인, 때로는 현실적인 감성으로 받아들여지기도 한다.

그런데 올해 4월은 문자 그대로 〈황무지〉의 한 달이었다. 신규 확진자 수는 3월보다 훨씬 적었지만, 전쟁의 한창 상황보다 그 이후의 마무리가 더 조바심하게 만드는 것과 마찬가지로, 4월은 우리의 인내를 시험하는 잔인한 달이었다.

내일 하루가 지나면 5월. 5월에 붙는 형용사는 4월과는 많이 다르다. 오는 5월은 정말로 지난 4월과는 많이 달랐으면 좋겠다. 4월이 우리에게 인내를 요구하였다면 5월은 우리에게 인내와는 다른 것을 요청하면 좋겠다. 움츠린 어깨, 의심스러운 눈초리, 머뭇거리는 발걸음이 아닌 일상이면 좋겠다.

확진자 수 10명 안팎 정도의 경향성을 보이면서 출구에 대한 가능성을 그려 본다. 생활방역으로의 전환과 함께 어쩌면 교실에서 학생들을 만날 수 있겠다는 기대를 가져 본다. 5월 둘째 주 중간고사를 치르고 나서는 정상 수업이 가능하겠다는 희망이 현실감 있게 다가온다. 희망이란 가져 보라고 있는 것이고, 실현하라고 있는 것이며, 경험해 보라고 있는 것이다. 잔인한 4월을 보내며 5월은 가져 보고 실현해 보고 경험하는 희망이기를 묵묵히 기다린다.

3부

오래 준비한
시간

제자들에게 보내는 편지*

5월 4일 (월)

제자들에게,

어떻게들 지내는가? 하는 일은 어떠한지? 모두들 무탈하겠지? 난 그대들의 염려 덕분에 잘 지내고 있다오.

부총장의 임무를 마무리하고 1년의 연구년, 그리고 돌아온 교정의 설레는 기다림은 한 번도 경험한 적이 없는 시간과 공간으로 초대하는구려. 텅 빈 강의실에서 삼각대 위에 설치한 카메라와 대면하며 녹화 강의를 하거나, 연구실 컴퓨터 앞에서 서로를 마주하는 실시간 인터넷 수업은

• 나의 연구실을 거쳐 지금은 국내·외에서 활동하는 제자들에게 보낸 편지 내용을 소개한다.

30년 가까운 강의 경험이 무색할 정도로 참 익숙지 않은 일이라네. 처음에는 눈을 어디에 맞추고 강의의 방점을 어디에 찍어야 할지조차 어색하였지만 지금은 많이 친숙해졌다오.

이런 비대면의 일상이 벌써 7주나 지났고 이번 주에는 중간고사 그리고 다음 주에는 문자 그대로 대망待望의 강의실 대면 수업이 예정되어 있네. 무엇보다 〈사회학적 상상력〉 수업에서 20학번 신입생 제자들을 만난다는 기대에 마음은 살짝 들떠 있으며, 당장 월요일 수업을 어떻게 멋지게 꾸려 볼지 고심하고 있다오.

지난 1월 20일 코로나19 첫 확진자 발생 이후, 3월과 4월의 엄혹한 시간을 거치며 춘래불사춘春來不似春, 봄은 봄인데 봄이 아니라는 것을 이번처럼 절절하게 체험한 적이 있나 싶구려. 시간을 1975년 봄으로 돌려 대학 입학한 지한 달여 만에 긴급조치라는 공권력에 의해 교문은 강제로 오랜 시간 굳게 닫혀 봄이 봄이 아니었던 시절을 떠올려 보기도 한다오. 그러나 그때는 불안과 공포의 시절이었지만 누구와의 만남을 주저하지는 않았다오.

우리가 언제 이번 봄처럼 매일 공표하는 숫자에 초미의 신경을 집중한 적이 있었던가 싶네. 확진자 수, 사망자 수, 완치자 수, 우리나라를 넘어 해외의 숫자까지 말일세. 5년 전 메르스 사태는 지금과 비교하면 아무것도 아니었던 것으로 보인다오. 그런데 정작 공포는 그때나 지금이나 숫자가 아니라 다른 데 있었던 것 같구려.

관심을 나라 밖으로 돌려 보면, 방문할 때마다 그 장엄한 문명에 감탄했던 기억이 생생한 이탈리아의 지금 상황은 절망이라는 표현이 모자라는구려. 21세기에도 여전히 슈퍼 강대국으로 여겨지는 미국의 상황은 허망이라는 표현이 부족하다오. 몇 해 전, 뉴욕 맨해튼을 여러 날 제법 샅샅이 탐방한 뒤 메모장에 여긴 제국이라고 적었던 나의 결론에 '이건 뭐지?'라고 반문하고 있다오.

많은 것을 다시 보게 하는구려. 평소平素, 일상日常의 소중함을 요즘처럼 생각해 본 적이 있었나 싶네. 극히 당연하다고 여긴 것들, 이렇다 할 만한 시선도 받지 못한 아주 사소한 것들의 소중함을 체득하면서 말이오. 집의 재발견은 물론이고, 학교도 강의실도 다시 보게 되는구려. 무엇보다 나의 강의를 무던히 들어 주는 학생들이 있어 고맙다는 생각을 한다오.

평소의 소박한 다짐을 다시 다져 본다오. 나는 무대를 만들어 주는 연출가이고 그대들이 주연임을 오랜만에 열리는 강의실에서 펼쳐 보겠다고 말일세.

그동안 우리 모두가 꼭 필요하지 않은 것에 너무 많이 집착했던 것은 아니었는지 돌이켜 본다오. 만남과 그 만남의 방식, 교육과 그 교육의 방식, 소비와 그 소비의 방식 같은 것에 대해 말일세. 이번 사태를 경험하면서 '이른바 웰빙이란 조금 불편하게 사는 것'이라는 평소의 생각을 다시 확인한다오.

사람들과 만나는 일을 줄이다 보니 책을 접하는 시간은 조금 더 늘어나더군. 함께 보면 좋을 것 같은 책 몇 권 소개해 보려고 하네. 리처드 세넷의 《투게더*Together*》를 다시 책장에서 꺼내 보았네. 이런 구절에 줄을 쳐놓았더구먼. "우리 모두는 욕구와 우리의 한계에 부딪치게 된다. 혹은 자신과 타인들의 욕구가 상충하는 경험도 한다. 이 경험에서 우리는 겸손을 배우게 되며."

바로 얼마 전에 출간된 이탈리아 작가 파울로 조르다노의 《전염의 시대를 생각한다Nel Contagio》는 한마디 한마디가 절절하다네. "여태껏 일상생활이 이처럼 중요한 의미로 다가온 적이 없었다. 정확히 그 실체가 무엇인지도 알지 못했던 정상 상태가 한순간에 우리가 지닌 가장 신성한 것이 되었다."

그리고 항상 나의 시선 반경 안에 놓여 있는 옌스 바이드너의 《지적인 낙관주의자Optimismus》를 다시 들추어 보았네. 이 책은 학술서는 아니지만 평범한 메시지가 지금의 상황만이 아니라 그대들의 살아감에 있어 필요해 보여 소개하네. "낙관주의자는 난관에 부딪칠 때마다 기회를 본다. 최고의 낙관주의자는 심지어 그 상황을 즐기기까지 한다."

코로나 이후에 대한 전망이 엄청나게 쏟아지는구려, 현기증이 날 정도로. 벌써 '포스트 코로나의 시대'라는 연대기가 등장하였고, '대변혁 대격변이 온다'와 같은 표현은 식상食傷할 정도가 되었구먼.

다만 지금 고초를 겪고 있는 현대 문명이 범했던 우愚를 똑같이 밟지 않았으면 하네. 조급한 마음에 보폭을 감당하기 어렵게 넓히고 무리하게 건너뛰는 예상, 예측, 예언들이 혼재하고 난무하여 또 다른 불안과 현혹을 만들어 내는 것은 아닌지 우려가 된다네. 좀더 기본에 충실한 진단이 나왔으면 하는 바람을 가져 본다오.

지금을 어떤 사람은 '잔혹의 시대'라고, 어떤 사람은 '불안의 시대'라고, 어떤 사람은 '성찰의 시대'라고, 어떤 사람은 '기회의 시대'라고 하네. 잔혹이 희망 없는 염세주의로 빠지지 말고, 불안이 대책 없는 모험주의로 선회하지 말고, 성찰이 정작 자신은 쏙 뺀 자기예외주의가 되지 말고, 기회가 근거 없는 낙관주의에 기대지 말기 바란다오.

이번 경험에서 우리 모두가 겸손을 배웠으면 하네. 이번 경험에서 다소 불편하게 사는 법을 곁눈질이라도 하면 좋겠네. 이번 경험에서 평소의 소중함에 대한 깨달음이 있기를 바라네. 이번 경험에서 신뢰나 책임 같은 기본에 충실하기를 기대해 보네.

이제 다시 평소처럼 개강하면 강의실도 교탁敎卓도 한 번 쓰다듬고 보듬어 주려고 마음먹고 있다오. 우리 학생들

기다리느라 수고 많았고, 다시 반겨 주어 고맙다고 말일세. 그리고 나 스스로에게도 다짐한다오. 지금까지와는 결이 많이 다른 우아하고 생생한 글쓰기를 해볼 생각이라고 말일세.

그대들의 근황이 궁금하여 안부 몇 자 물어보겠다고 쓰기 시작한 편지가 길어졌구려.

항상 건강 챙기고 가끔 보도록 합시다.

정상으로 되돌아가는 기대감과 고마운 마음을 담아

2020년 5월 4일 늦은 저녁 시간에

박 길 성

중간고사를 보다.
신뢰가 중요하다.

5월 6일 (수)

．

중간고사를 인터넷으로 보았다. 이전에는 상상조차 할 수 없었던 일이다. 시험은 장소 귀속적이었다. 시험이란 일정한 장소에 모여 모두 똑같은 조건에서 치르는 것이라는 아주 오랫동안의 장소 귀속적인 관념이 깨진 것이다.

　인터넷 중간고사는 이렇게 진행하였다. 수업시간 10분 전인 10시 20분, 인터넷 강의 플랫폼인 블랙보드의 공지 세션에 미리 준비한 중간고사 파일을 업로드하였다. 혹시 연결이 원만하지 않을 것에 대비하여 중간고사 파일을 학생들의 개별 메일로 일괄 보냈다. 그리고 12시까지 작성한 답안을 파일로 만들어 이 수업을 위해 별도로 개설한 이메일로 첨부하여 보내면 마무리되는 것이다.

물론 오픈 북이고 답안 작성을 위한 자료는 마음껏 활용하게 허용했다. 다만 답안 작성 가이드라인으로, 답안 작성 과정에서 다른 사람의 도움을 받거나 공동으로 작성하는 일은 절대 금지한다고 명시했다.

문제를 만드는 데 고심을 많이 할 수밖에 없었다. 답안 작성을 위해 한 시간 반 정도의 시간을 완전히 소진해야 했다. 다시 말해 시간이 빠듯하고, 인터넷 자료나 참고문헌에서 쉽게 옮겨 쓸 수 없는 묵중한 문제를 만들어야 했다. 특히 대학의 문에 들어와서 치르는 첫 전공과목 시험이라 사회학의 아우라와 풍취風趣를 느낄 수 있는 문제를 출제해야 한다는 약간의 부담을 나 스스로 가졌다.

사회학이란 이런 것이고, 그대들의 사고 폭과 깊이에 따라 정답이 천차만별하게 나타나는 문제를 출제해야 한다는 강박감을 나 스스로 갖고 있었던 것도 사실이다. 선택형이나 단답형 문제 유형에 친숙한 이들에게 다른 풍모를 맛보게 하려는 것이었다. 솔직히 말하면 시험문제를 받는 순간 '와' 혹은 '앗' 하는 감탄사가 나오게끔 하려는 점잖은 동시에 점잖지 못한 의도도 깔려 있었다.

사회학적 상상력을 활용한 현실적 접근으로 축약되는 중간고사 문제를 어떻게 풀어냈는지 자못 궁금하다. 교수의 얄궂은 심술은 한 시간 반의 길지 않은 시간이지만 입에서 단내가 나게 만드는 것이다. 코로나19의 시대, 비대면의 시대, 언택트의 시대…, 그 어떤 명칭으로 이름 붙여도 신뢰가 사회질서의 시작이자 끝임을 다시 확인한다. 시험문제지에도 명시적으로 언급했다. "답안은 혼자 작성해야 합니다. 작성 과정에서 누구의 도움을 받거나 공동으로 작성하는 것은 절대 허용하지 않습니다. 이것은 교육에 있어 기본적인 신뢰입니다." 신뢰가 그저 추상적인 가치에 대한 원론적 요청이 아니라 구체적인 일상생활 속에서 실행에 옮길 때 확산된다는 점은 오래전부터 확인된 사실이다. 중간고사 시험 문제에 굳이 밑줄까지 치면서 신뢰를 언급할 필요가 있었나 싶지만 신뢰는 교실에서부터 시작되어야 한다는 생각에서 명시적으로 언급하였다.

다음 페이지에 중간고사 문제를 소개한다.

〈사회학적 상상력〉

2020학년도 제1학기 중간고사(2020. 5. 6.)

시험시간: 10:20~12:00(1시간 40분)

답안지 수신 주소: gsparkkorea@naver.com

• 문제에 대한 답을 첨부파일(1개)로 만들어 위의 수신 주소로
  12:00까지 보내세요.

• 분량은 제한이 없습니다. 글자 모양, 줄 간격 … 자유 형식입
  니다. 주요한 부분을 강조하기 위해 특별한 표시를 하여도 괜
  찮습니다. 자유롭게 답안지를 구성하세요.

• 답안은 혼자 작성해야 합니다. 작성 과정에서 누구의 도움을
  받거나 공동으로 작성하는 것은 절대 허용하지 않습니다. 이
  것은 교육에 있어 기본적인 신뢰입니다.

I. 종합 논의형 문제

사회학을 공부한다*studying sociology*는 것은 여러 의미를 지니고
있다. C. Wright Mills는 각 개인이 그가 속한 사회 안에서 그
리고 그 사회가 속한 역사 안에서 볼 수 있는 능력을 갖출 것을

오래 준비한 시간

강조한 바 있으며, Peter Berger는 모두가 당연시하는 생활세계의 껍질을 벗기는 사고로서 상식적 세계를 꿰뚫어 봄과 동시에 사회 기존 구조의 구석을 세밀하게 쳐다보려는 점잖지 못한 의식이라고 정리한 바 있다. Anthony Giddens의 주장처럼 사회학을 배운다는 것은 세계에 대한 우리의 개인적인 해석으로부터 한 걸음 물러나 우리의 삶을 모양 짓는 사회적 영향력에 대해 눈을 돌린다는 것을 의미한다. 하나같이 우리의 일상적인 삶을 새롭게 볼 수 있도록 친숙한 일상적인 삶으로부터 스스로 거리를 두고 생각할 것을 요구한다. 이를 통해 다른 문화를 이해하는 감수성을 증대시키는 것은 물론이고 다양한 방식으로 사회현실을 진단하고 이의 변화에 실질적으로 기여할 수 있는 폭넓은 기회를 갖게 된다.

지금으로부터 10년 전인 2010년 당시 구글 CEO 에릭 슈미트 회장은 독일 베를린에서 열린 세계 최대 규모의 베를린 전자박람회IFA에서 "우리는 당신이 어디 있는지 압니다. 어딜 다녀왔는지도 알죠. 조만간 무슨 생각을 하는지도 알 수 있을 겁니다"라고 연설하였다. 논란의 여지도 많으며 동시에 많은 것을 생각하게 하는 연설임이 분명하다. 초웬연결사회라는 현대 문명의 실체를 극명하게 보여 주는 대목이다.

오늘날 모바일 폰*mobile phone*(휴대폰)은 초연결사회를 구성하

는 핵심으로 여겨지고 있다. 매우 익숙한 사회적 일상이자 경험
이며 사회관계 형성의 근간을 이룬다. 모바일 폰이 현대인의 행
위와 현대사회 구조 및 변동에 맞닿는 지점을 생각하며 사회학
의 관심을 종합적으로 묶어 내는 '모바일 폰의 사회학*sociology of
mobile phone*'을 펼쳐 보시오.

• 답안은 수업 또는 교재 《현대사회학》에서 언급하거나 설명한
  중요 개념, 시각, 접근, 이론, 주장, 예시 … 등을 적극 활용
  하여 작성할 것을 주문한다.

II. 비교 서술형 문제

K. Marx, E. Durkeim, M. Weber가 가지고 있었던 공통적
관심사를 적시하고, 이에 대한 각기 다른 입장을 비교 설명하라.

오래 준비해 온 만남,
비대면의 정상에서 대면의 정상으로

5월 11일 (월)

서관 132강의실, 강의실이 이렇게 반가웠던 적이 있었을까 싶다. 연구실에서 계단을 3층, 2층, 1층으로 내려가며 가슴이 쿵덕쿵덕 요동치는 것을 억누를 수가 없었다. 표현도 아주 생소하고 그 뜻도 선뜻 받아들이기 어려운 대면 수업을 하러 가는 발걸음이 가볍기도 하고 무겁기도 하여 종잡을 수 없다.

1시간 15분 동안 일사천리 쫙 풀어놓을 준비된 강의가 든든한 뒷배로 자리 잡고 있기에 발걸음은 매우 가볍다. 그러나 여전히 방역, 전염 등이 머리 뒤끝을 당기고 있는 만큼 무겁다.

시간보다 조금 이르게 강의실로 들어가 연단을 성큼 올

라섰다. 그리고 앞을 보았다. 40명 정도 눈에 들어온다. 오래 기다렸다. "반갑다"로 시작한 인사말은 상투적이 아니었다. 정말 오랫동안 진정으로 기다렸고, 정말로 반가웠기 때문이다. 이런 감정은 수업에 참석한 학생들도 마찬가지일 것이다.

수업에 참석하지 않을 선택도 존중해 주어야 하는 상황인 만큼 강의를 녹화하였다. 오늘은 그동안 사전녹화를 도와주었던 도서관과의 예약이 원활하지 않아 수업조교가 다른 곳에서 빌린 캠코더를 삼각대 위에 올려놓고 녹화한다. 실제 강의도 하고, 이를 녹화하여 편집한 다음 블랙보드 강의자료실에 업로드한다.

이중의 일이라서 번거롭다는 생각은 그렇게 기다렸던 학생들의 반응을 분·초 단위로 포착하고, 강단도 넓게 쓰고, 즉흥적 임기응변의 수업 진행도 가능하기에 끼어들 틈이 없다. 무엇보다 교감할 수 있고 그 교감 속에서 상상력을 끄집어 낼 수 있다고 생각하니 이 정도 번거로운 일은 일도 아니다.

정작 가장 어려운 선택은 강의 내용과 같은 본질적인 것이 아닌 다른 데 있었다. 마스크였다. 마스크를 쓰고 강의할 것인지 마스크를 벗고 할 것인지의 현실적인, 아주 현실적인 문제에 부딪친 것이다. 정말 우습지만 그게 문제였다. 마스크를 벗는 데도 특별한 이유를 붙여야 할 판이다. 마스크를 쓰면 불편한 것은 물론이고 마스크를 통해 마이크로 스며드는 소리가 깔끔하지 않다는 느낌 때문이다. 아무리 낭랑한 목소리라고 하더라도 목소리가 마스크를 통하고 또 마이크를 씌운 커버를 통하는 이중 삼중의 여과 장치를 통과하면서 음의 전달이 뚝 떨어진다.

나중에 알게 된 것이지만 오늘 강의의 많은 부분이 마스크 때문에 잘 들리지 않거나 전달되지 않았다고 한다. 마스크를 쓰고 강의할 것인가 안 쓰고 할 것인가, 그것이 가장 어려운 문제라는 나의 생각이 결과적으로 맞은 셈이다. 코로나19 시대에는 무엇이 본질이고 무엇이 아닌지 판단하기 참 어렵다.

반 학기 녹화 강의를 하며 우리 학생들이 나의 강의 스타일을 친숙하게 보았지만 대면으로는 처음이기에 옷매무새도 신경 썼다. 댄디하게 말이다. 그동안 녹화 수업할 때는 주로 청바지에 양복 윗도리 차림이었다. 오늘은 완전히 다르다. 평소 하는 말로 '차려입었다'. 그것이 학생들에 대한 예의라고 생각하기 때문이다. 대면 수업은 나의 마음가짐은 물론이고 몸가짐도 달리 만든다.

1시간 15분이 어떻게 지나가는지 모를 정도로 빠르게 지나갔다. 이제야 솔직하게 고백하건대 반 학기 내내 진행한 녹화 강의 때는 왜 시간이 그렇게도 천천히 가는지 이해할 수가 없었다. 강의 도중에 몇 번씩이나 앞에 세워 둔 둥근 시계를 보았는지 모른다.

누구와 함께 있다는 것, 이 누군가의 반응에 다른 연출이 만들어진다는 것이 시간의 속도를 달리 만든다. 그래서 시간은 사회적이다. 물리적 시간은 같지만 시간의 속도 경험은 어떤 상황이냐에 따라 달라진다는 것을 오랜만에 마주한 학생들과의 강의에서 맛본다. 어떤 관계에서의 시간이냐에 따라 그 시간은 길게 늘어지기도 하고 매우 빠르게 지나가기도 한다. 비대면의 정상에서 대면의 정상으로 옮긴 첫 시간은 오래 준비해 온 만남이었다.

오래 준비한 시간

최첨단 네모 강의실에서

5월 13일 (수)

오늘부터 강의실을 새로 바꾸었다. 이름하여 네모NeMo: Networked Modular 강의실이다. 완전히 다른 강의 세팅이다. 강의실 안팎 어디서나 실시간 화상 시스템을 통해 수강 가능한 온라인 시스템이다. 사실 지난 시간의 강의실도 아주 좋다. 그런데 네모 강의실과 비교하면, 다소 과장하여 표현하여 흑백과 컬러의 차이, 단면과 입체의 차이라고 할 만큼 완연히 다르다. 여러 대의 카메라가 동시에 작동한다. 카메라가 강의하는 나의 동선을 따라다니는 것은 물론이고 앉아 있는 학생들에게도 간간히 시선을 준다.

강의실 밖에 있는 학생들도 자신들의 의견을 올려놓을 수 있고 모든 학생이 대화창에 올라온 의견을 확인하고 수업의 재료로 사용할 수 있다. 강의실 안에 있는 학생들은 평소와 같은 대면 수업을 한다. 여러 해 전에 네모 강의실을 처음 만들었을 때 시연을 본 적은 있지만 오늘 같은 친근함은 아니었다. 수업에 참석한 학생들의 표정에서 네모 강의실의 위용을 바로 확인할 수 있다. 최첨단 강의실이 고색창연한 석조 대리석 건물 안에 있으니 놀라움은 배가 된다.

사실 네모 강의실은 3년 전 대형 강의 문제를 해결하기 위해 학교가 심혈을 기울여 구축한 교육공간이다. 장소의 제약을 받지 않는 온라인 환경을 구축함으로써 수강 인원을 대폭 늘려 학생들의 수강권을 보장하는 효과를 기대하며 만든 시스템이다. 처음에는 새로운 시스템이기도 하고 강의란 만나서 하는 것 아니냐는 생각에 호응도가 그리 높지 않았다. 헌데 요즘과 같은 코로나19 상황에서 그 진가를 크게 발휘한다. 지금 같은 팬데믹 상황에서는 네모와 같은 강의 여건이 최적으로 보인다. 그러나 이런 여건을 갖춘 강의실이 학교 전체에 몇 안 된다.

코로나19가 교육방식은 물론이고 교육공간의 변화를 주

문하고 있는 것이다. 그동안 많은 대학들이 교육공간의 부족으로 건물 짓는 데 재정의 상당 부분을 지출했다. 외국 대학도 사정은 마찬가지다. 그러나 갈수록 건축 단가가 높아지면서 어느 대학을 막론하고 교비를 통한 건물 신축은 거의 한계에 도달하였다. 코로나19는 교육공간에 대해서도 새로운 패러다임을 요청한다. 이 상황이 종식되어도 탄력을 받기 시작한 비대면 인터넷 강의는 더 확대될 것이며, 상당수 강의실이 네모 형태로 바뀌면서 교육의 물리적 공간 개념보다는 사회적 공간 개념이 더 중요하게 다가올 것이다.

뉴노멀의 예상치 않은 현상들이 속속 나타난다. 본디 뉴노멀은 코로나19와는 아무런 관계가 없는 사회 현상의 진단이었지만, 지금은 코로나가 뉴노멀의 핵심으로 자리 잡았다. 뉴노멀의 해법은 놀랍게도 노멀이 안고 있는 문제를 풀어 보려는 시도에서 찾아지기도 한다. 이를테면 노멀의 환경에서 가장 크게 대두되었던 대형 강의 문제를 해결하려고 만든 네모 강의실이 정작 뉴노멀의 문제를 해결하는 정답이 되고 있으니 말이다.

수업에 직접 참석한 학생이 그저께보다 훨씬 많다. 그동안 학교에 나오고 싶고 수업에 직접 참여하고 싶었던 마음을 굳이 말로 표현하지 않아도 알 수 있다. 그러나 다른 한편으로 걱정은 된다. 많은 학생이 참여함에 따른 방역의 문제 때문이다. 이런 근심과는 대조적으로, 수업은 자리를 채운 학생들의 눈빛과 온기로 가득하다. 강의실 밖에서 수업을 참여하는 학생들의 기운도 후끈하다. 학기 말까지 대면, 비대면으로 만나는 학생들과 눈을 맞추고 사고를 연결하며 〈사회학적 상상력〉의 메시지를 더 넓게, 더 깊게 펼쳐 보리라고 다짐한다. 정확하게 표현하면 끄집어 보려 한다.

네모의 실험을 기대해 보련다. 형식이 때로는 내용을 크게 결정한다는 것을 믿기 때문이다.

2부제 수업을 하며,
역사를 되새겨 본다

5월 18일 (월)

우리 사회에서 교통 혼잡의 해결방안으로 등장한 2부제를 나의 수업에서 적용할 줄은 꿈에도 생각하지 못했다. 그런데 오늘 수업부터는 2부제를 하는 것으로 결정했다. 아주 오래전, 그러니까 1960∼1970년대 베이비붐 세대(1955∼1963년 출생)가 초등학교를 들어갈 때 갑자기 늘어난 취학 아동으로 인해 교실이 절대적으로 부족하여 대도시를 중심으로 오전반, 오후반으로 나누어 수업을 받은 적이 있었다. 2부제 수업의 원조다.

우리 수업의 2부제 연유는 이와는 많이 다르다. 지난 시간 네모 강의실에서 수업을 한 이후 학과 행정실로부터 급히 연락이 왔다. 학교의 방역 기준이 30명 참석이라는 것이다. 지난 시간에 52명이 교실 수업에 참석한 것으로 집계되었다. '허허, 이것을 어쩌나' 하고 한참을 생각하다, 2부제를 고안했다. 수업이 월·수에 있으니 학번 끝자리가 홀수인 학생은 월요일 수업에 참석하고, 끝자리가 짝수인 학생은 수요일에 참석하는 것이다. 수업 2부제를 할 수밖에 없으니 이해하여 달라고 학생들에게 이메일을 지난주에 보냈다. 오늘은 월요일이라 홀수 학번 학생들이 대면 수업에 참석하였다.

2부제 수업은 강의 경력 30년 만에 처음 있는 일이다. 아마 이 시기가 지나면 지금을 기억하는 이야깃거리로 2부제를 떠올릴 것이다. 마치 베이비붐 세대의 2부제 수업이 역사의 흔적으로, 혹은 개인적인 낭만의 경험으로 남아 있듯 말이다.

2주 전 제자들에게 보낸 편지가 오늘 학교신문에 실렸다. 1면 하단을 완전히 크게 장식했다. 학교신문에 실린 연유와 과정은 이러하다. 나의 편지를 받고 제자들로부터 답신이 왔다. 안부와 함께 코로나19에 대한 자신들의 생각을 짤막하게 혹은 어떤 답신은 길게 보내 왔다. 조사회사에 근무하는 제자는 자신이 작성한 기업의 시각에서 포착한 코로나 관련 마케팅 보고서를 보내오기도 했다. 기업의 고민이 담겨 있는 인상적인 보고서였다.

대학 교수로 있는 제자 몇은 우리 연구실 지도학생들만 보기는 아깝고, 그래서 더 많은 사람이 볼 수 있는 신문에 게재하면 좋겠다는 제안을 한다. 좋은 생각으로 받아들이고 마음을 정했다. 제자들에게 보낸 편지인 만큼 학교신문이 적절하다고 생각하였고, 신문사 주간 교수에게 연락했다. 이런저런 정황을 얘기하였더니 너무 좋다고 원고를 달라고 한다. 신문사가 찾아서 실어야 할 글을 주신다니 고맙다는 것이다. 그러면서 편집국장에게 연락을 드리라고 하겠다는 것이다. 바로 편집국장이 전화를 했다.

원고를 약간 다듬어서 보내기로 하였다. 제자들에게 보낸 편지를 다시 보니 하루 저녁에 쓴 글이라 거친 글투가 눈에 띈다. 약간의 교열을 보고 표현이나 단어도 정제하였다. 학교 전체가 본다고 생각하며 조금조금씩 한 일고여덟 번은 고친 듯하다. 글이 훨씬 깔끔해졌다. 사진도 달라고 하여 같이 보내 주었다. 이런 과정을 거쳐 오늘 〈고대신문〉에 나온 것이다.

그리고 오늘 〈사회학적 상상력〉 수업시간에 읽어 주었다. 읽고 나니 학생들이 박수를 쳤다. 반응이 있음을 직감할 수 있다. 동의의 표정, 감동의 표정, 경외의 표정 등으로 읽혔다.

수업시간에 역사에 관한 이야기를 언급했다. 오늘이 5·18 40주년이다. 역사의 메시지를 다음과 같이 소개했다. 이스라엘 역사학자 유발 하라리의 글을 인용했다.

"역사를 연구하는 것은 미래를 알기 위해서가 아니라 우리의 지평을 넓히기 위해서다."

프랑스의 대문호 빅토르 위고의 역사란 "미래에 울려 퍼지는 과거 메아리"란 글도 소개했다. 역사에 대한 나의 생각도 풀어냈다. 그리고 수업용 컴퓨터 스크린 위에 적었다. "역사란 오늘 하는 어제와의 대화이자, 오늘 하는 내일과의 약속이다."

모든 내용은 학생들 스스로 느끼고 터득하게 빈 공간으로 남겨 놓았다. 부연 설명하지 않았다. 오늘 수업은 역사의 무게로 더 묵중하다.

교육자가 갖는 남다른 행복

5월 20일 (수)

가르치는 사람의 보람은 내가 한 이야기, 보여 준 행동, 쓴 글에 대해 학생들로부터 반응이 있을 때 가장 크다. 지난 수업시간에 읽어 준 제자들에게 보내는 편지에 대한 반응이 왔다. 3명의 학생이 자신들의 생각을 적어 보냈다. 은근히 기대하고 있었지만 막상 받고 보니 '이런 게 보람이야' 하는 뿌듯함을 갖는다. 한 학생의 글은 1학년 신입생이라고 보기 어려울 정도의 성숙한 사고가 녹아 있어 깜짝 놀랐다. 이런 수준의 글쓰기라면 education의 라틴어 어원인 educe의 철학, 다시 말해 '교육이란 정보나 지식을 전달하는 것이 아니라 잠재력, 사고력, 창의력을 끄집어내고 이끌어내는 것'이라는 교육 본연의 취지를 실행해 볼 수 있겠다는 좋은 예감을 갖게 한다.

오늘 수업에서 이 학생이 보낸 "교수님의 편지에 보내는 글"을 학생들에게 처음부터 끝까지 전부 읽어 주었다.

몇 구절을 옮겨 본다. "익숙해질 것 같지 않았던 생활이지만, 한 주 두 주가 지날수록 강의 시간에 맞추어 눈뜨고, 집에서 편히 듣는 강의가 익숙해졌습니다.""대면 강의에 대한 메일을 받고, 사실 두 가지 생각이 교차했습니다. 대학에서의 강의에 대한 설렘과 대면 강의에 대한 막연한 두려움이 있었고, 막상 다가온 시간에는 미디어를 통해 계속 보도되는 코로나19의 위험성으로 설렘의 기대는 접었습니다."

그리고는 많은 생각을 하였다고 한다. "교수님께서 말씀해 주신 《투게더》에서 욕구의 한계에서 겸손을 배우게 되었다고 했는데, 반대로 저는 제가 겸손을 배울 만큼 절실히 바라는 욕구를 가졌었는지를 생각해 보려 합니다."

계속 이어지는 대목에서는 끄집어내는 교육이 되어야 함을 새기게 만든다. "제게는 잔혹의 시대, 불안의 시대보다도 안일하게 안주해 버린 제 자신에 대한 성찰의 시대가 앞설 것 같습니다. 그래서인지 교수님께서 말씀해 주신 부분들 중에서도 '자기 예외주의'라는 여섯 글자가 가장 와 닿았습니다. 첫 대면 수업을 녹화 강의로 들은 이후 수요일에 편지를 낭독해 주시는 교수님을 보고 그 내용을 들으면서 성찰과 독서와 사유의 시간이 충분하게 주어지는 지금, 저를 빼놓은 성찰의 삶을 이어 가는 것은 아닌지, 지식보다 휴식에 빠져 있는 것은 아닌지, 제게 엄격한 시간을 가지고자 합니다."

자신에 대한 엄정한 진단에 놀라움을 느끼지 않을 수 없다. 그리고 "항상 강의에서 교재에 나온 이론과 논의보다 더 큰 스펙트럼과 프레임을 경험할 수 있도록 이끌어 주시고, 바쁘신 와중에도 또 다른 사유思惟의 장이 될 수 있는 편지를 보내 주신 교수님께 감사드립니다"라는 내용으로 글을 마무리한다.

제자들에게 보낸 나의 편지에 답하는 글로 이보다 더 완결성과 성숙함을 갖춘 답신은 없을 것이라고 칭찬해 주고 싶다. 많은 만남이 있지만 스승과 제자의 만남만큼 귀한 만남은 없을 것이다. 이런 면에서 교육자가 갖는 행복감은

남다르다. 제자들에게 보내는 편지도 받아 주는 제자들이 있기에 가능한 것이며, 신문에 실린 편지를 〈사회학적 상상력〉을 수강하는 학생들에게 직접 읽어 줄 수 있는 것도 이들이 강의실에 있기에 가능한 것이다.

가르치는 보람은 배우는 보람이다. 반응이 왔음에 살짝 설레는 것은 선생이 가질 수 있는 원초적 권리인 동시에 선생이면 반드시 가져야 하는 의무인지도 모른다. 이러하기에 스승과 제자가 나눈 이야기는 소소하든 창대昌大하든 동서고금에서 늘 훈훈한 교훈으로, 격조 있는 귀감龜鑑으로 내려오나 보다.

마술사의 꿈,
코로나19가 나에게 던진 질문

5월 25일 (월)

강의는 나와의 싸움이다. 강의는 무엇보다 내가 만족해야한다. 내가 먼저 도취해야 한다. 내가 나의 강의에 최면催眠이 걸리듯 말이다. 이런 생각을 할 때면 늘 이병주의 소설 《마술사》를 떠올린다. 다른 사람에게 마술의 환각을 맛보게 하려면 자신이 먼저 그 마술에 빠져야 한다는 메시지가 강한 소설이기에, 아주 오래전 처음 읽었을 때도 얼마 전 다시 읽었을 때도 마술사의 표정이 잔상殘像으로 오래 남는다.

사실 강의에서 자신이 도취할 정도로 만족하기란 결코쉽지 않다. 시쳇말로 자뻑의 경지를 강의에서 맛본다는 것은 실현하기 쉽지 않은 로망이지만, 로망이란 꿈꾸고 품는 것만으로도 소중한 것이기에 항상 꿈꾸고 마음속 깊이 품고 있다.

특히 이번 학기는 헝클어질 때로 헝클어진 수업이기에 만족 같은 기대는 애당초 포기하였다. 내가 만족하기 어려운데 학생들이 만족할 것이라고는 크게 기대하지 않았다. 이런 상황인 만큼 강의에 더 공을 들이고 표현 하나하나에 정제된 감동이 있어야 한다고 다짐했다. 대학을 이제 막 들어온 1학년을 대상으로 하는 수업이기에 이런 다짐은 더 굳건했다.

나에게 코로나 블루*Blue*의 1순위는 관중 없는 공연과 같은, 학생과의 관계가 형성되지 않는 수업이다. 그나마 중간고사 이후로는 제한적이긴 하지만 일부 대면 수업을 하고 있어 교감하는 공연 느낌을 맛보고 있다. 널찍한 대형 강의실에 듬성듬성 채워진 자리이지만 열기는 대단하다. 참 이상한 것은 녹화 강의를 할 때는 '1시간으로 맞춰진 강의가 왜 이렇게 더디게 가지' 하며 마음속의 주리를 틀었는데, 대면 수업에서는 언제 1시간 15분이 지났나 싶을 정도로 훌쩍 지나가고 예정된 시간을 초과하는 일이 다반사다.

무언가 해주고 싶은 이야기가 많은 것이다. 대면 강의를 시작한 이후 지난 몇 번의 강의가 모두 예정 시간을 지나서 끝났다. '그래, 이것이 내가 만족하고 있다는 신호다'라고 나 스스로에게 확인시켜 준다. 수업이 끝나고 연구실로 올라오면서 다소 나른하지만 몸과 마음은 룰루랄라다.

나와 학생들 사이에 정상적인 관계가 만들어지고 있음을 의미한다. 강의가 교수의 배타적인 주도에 의한 일방통행one-way이 아니라 쌍방통행two-way, 나아가 다방통행multi-way이 되어야 한다는 평소의 생각에 조금씩 가까이 가는 듯하여 그냥 좋다.

강의란 관계의 미학美學을 완성하는 작품이다. 나의 말 하나하나, 선택한 어휘 하나하나, 이해를 쉽게 도와주기 위해 들어 준 예시 하나하나, 몸가짐 하나하나가 관계를 형성하는 핵심요소다. 코로나19의 시대, 포스트 코로나의 시대에 강의를 매개로 만들 관계의 미학은 어떤 것이어야 할지 새로운 과제를 던져 준다.

관계의 일차적 조건은 만남이다. 물론 이제는 이것도 지난 시대의 유물인지도 모르겠다. 만남을 경원시하고 도외

시하는 요즘이다. 축소사회로의 길을 재촉하는 요즘이다. 공식적 관계 못지않게 비공식적 관계를 가볍게 보지 않는 사회학의 시각에서 볼 때 축소사회가 되면 비공식관계는 아예 싹조차 없어지는 것은 아닌지 우려된다.

축소사회가 되면서 배려, 우애, 함께와 같이 우리 사회가 취약한 공공성이나 공공재가 더 취약해지는 것은 아닌지 걱정이다. 자유주의적 이상은 점점 축소되고 현실주의적 계산만이 더 커지는 것은 아닐지 근심거리로 남는다. 축소사회에서 강의가 있어야 할 자리는 어디이며 다른 무엇으로 대체된다면 그건 무엇인지의 질문이 다급하게 대답을 요청한다.

강의는 나와의 싸움이다. 나와의 싸움을 이제는 어떻게 해야 하나? 어떻게 마술사의 경지에 들어갈 수 있나? 코로나19가 나에게 던진 대답하기 만만치 않은 질문이다.

코로나 블루를 넘어
코로나 레드로

5월 27일 (수)

봄의 끝자락과 여름의 시작이 겹치는 이즈음은 언제나 보내고 맞이하였을 텐데, 올해는 유난히 다르게 느껴진다. 항상 그러하였듯이 이때쯤이면 나뭇잎은 연두색에서 초록색으로 바뀌고, 화단은 봄꽃들이 여름꽃들에게 자리를 내주느라 분주하다. 자연은 강의실로 향한 나의 발걸음을 어린 시절 화창한 날 소풍 가는 만큼이나 가볍게 만들어 준다. 자연은 작년과 다르지 않고 일정한 진자振子의 폭 안에서 움직이건만 사회는 예년과는 다르다. 달라도 너무 다르다. 예측의 범위를 많이 벗어난 움직임을 보인다. 탈선의 정도가 너무 심하다.

사회학자의 몫은 이럴 때 더 커지고, 더 많은 이야깃거리를 만들어 내야 하지만, 이번 코로나19 상황은 도통 그럴 상황도 그럴 기분도 아니다. 인간이 선택할 수 있는 일이 그리 많지 않은 데 따른 무력감 때문인 것 같다. 전염, 감염, 방역과 같은 의료에 관한 전문지식이 부족함에 따른 방관자적 위치 때문인 것 같기도 하다. 모두가 예민할 대로 예민한 요즘과 같은 상황에 섣부른 훈수訓手는 절대 금물이다. 책임을 누구한테 물어야 할지 모르겠다.

이런 불편한 넋두리는 속으로 감추고 오늘 아침 출근하면서 느낀 계절의 서정을 시 읊조리듯 풀어내면서 수업을 시작했다. 봄의 끝자락, 여름의 시작점에서 갖게 되는 서정시학 같은 것 말이다. 그리고 우리 학생들과 벤치에 걸터앉아 커피 한 잔 들고 학교 얘기, 세상 얘기, 개인적인 사소한 얘기, 장대한 얘기, 그야말로 얘기의 꽃을 피우지 못하는 아쉬움과 결핍감을 토로했다. 우리 학생들의 표정에서 공감의 눈빛이 집중되고 있음을 느낄 수 있다. 이런 아쉬움을 나만 가진 것이 아님은 굳이 확인할 필요가 없다.

그 어느 때보다 제 3의 장소가 필요한 이들이 꽉꽉 틀어박혀 있어야 하니 얼마나 갑갑할 것이며, 카페나 술집이라도 들린다 하더라도 이 역시 경계의 촉각을 총동원해야 하니 얼마나 찜찜한 일일지 충분히 예상된다. 제3의 장소의 풍요로움이 생활의 여유와 윤택을 결정하는 중요 변수라고 평소 생각한 터라 요즘 같은 때 더 필요한 것이 아닌가 한다. 다른 곳을 사유하고 다른 데를 곁눈질할 수 있는 것이 젊은 세대의 특권일 텐데, 집콕의 환경이 이들의 특권을 억압하는 것은 아닌지 걱정이 된다. 집콕을 벗어나 나돌아 다닌다고 하더라도 주위를 경계해야 하는 마음콕이 삶의 생기를 떠받쳐 주는 다른 사람과의 어울림을 옥죄고 있다.

국내에서 첫 코로나 확진자가 발생한 지 넉 달이 지났다. 오늘까지 총 확진자 수는 11,200명을 훌쩍 넘었고, 오늘 하루 확진자 수도 40명으로 발표되었다. 코로나 블루의 시기가 넉 달이 되다 보니 새로운 출구 찾기에 대한 갈망이 기하급수적으로 커진다. 하루 속히 코로나 레드Red의 시기로 바뀌어야 하겠건만 나오는 얘기들은 그리 긍정적이지 않다. 1년 내내 지속될 것이라는 전망이 지배적이다.

백신이 나올 때까지 해외 방문은 자제해야 한다는 정부

책임자의 말뿐이다. 사회가 '백신 조울증' 같은 현상에 휩싸여 있다. 어떤 뉴스는 생각보다 빨리 백신이 개발될 수 있다며 외국의 한 연구소를 구체적으로 언급하는가 하면, 어떤 뉴스는 내년에나 가능하며 그것도 변종이 많아 백신이 개발된다고 하더라도 여러 번 접종해야 한다고 보도한다. 하루건너 널뛰기를 하는 모양새다.

일명 '코로나19 학번'으로 불리는 우리 학생들은 코로나 블루의 깊은 징표인 축소적 자세, 경계하는 태도로 경도되지 않기를 바란다. 어려운 환경이지만 더 확장적이고 더 어울림을 중시하는 마음을 가져야 할 것이다. 학기말 강의 때까지 이 대목을 반복적으로 강조하려 한다. 코로나 블루를 넘어선 코로나 레드를 찾아 나서는 일을 〈사회학적 상상력〉 수업의 생각거리로 올려놓으려 한다.

개인적인 출구 찾기는 그렇다고 치더라도, 미래의 공동체를 위한 논의를 몇 번 안 남은 수업시간의 주제로 더 깊게 토론해 보려 한다. 코로나 레드를 찾아 나서며 수업의 끝자락으로 향한다.

4부

새로운 질서를
허락한 시간

시간은 사회적이다

6월 1일 (월)

올 봄은 참 빠르게 지나가기도 하고 참 더디게 지나가기도 한다. 빠르게 지나가는 느낌은 정상으로 채워야 할 것들을 많이 빠트리고 그냥 넘어감에 따르는 허전함이나 허탈함에서 비롯한다. 더디게 지나가는 느낌은 경험하고 싶지 않은 것을 일상으로 받아들여야 함에 따른 불편함이나 지루함에서 비롯한다.

시간이란 어떤 사회적 관계에 있느냐에 따라, 어떤 사회적 상황에 있느냐에 따라 초침이 아주 빠르게 움직이기도 하고 아주 느리게 움직이기도 한다. 시간은 사회적이다.

수업시간 학생들에게 '그대들은 이번 봄*spring*의 시간이 어떠한지?' 물어보았다. 올 초만 하더라도 이런 봄을 보낼

거라고는 단 한 번도 생각해 보지 않았던 터라 당황, 당혹 이외에 특별한 대답을 기대하지는 않았지만 그래도 궁금하다. 블루와 레드의 리트머스 종이의 어디쯤에 있는지 말이다.

어느덧 시간이 흘러 봄 학기를 4주 정도 남겨놓은 시점이라 '이번 학기 다 갔네' 하는 체념들이 여기저기에서 들려온다. 지난달까지만 하더라도 교수들 사이에 이런 일은 이번 학기로 끝나겠지 하는 약간의 기대와 약간의 확신이 뒤섞여 있었다. 그러나 유월의 첫날인 오늘 만난 교수들에게는 '이거 다음 학기까지 가는 것 아니야' 하는 우려가 강하게 묻어난다. 대학은 어떤 준비를 해야 하는가의 걱정이 역력하다. 다음 학기에도 비대면을 정상으로 여기며 수업해야 한다면 말이다.

변화를 놓치는 일이 가장 위험하다. 변화를 앞서 감지하고, 변화가 만들어 놓을 결과를 냉정하게 보는 것이 대학의 책무이자 사명인데, 정작 대학이 변화를 놓치는 장본인이 아닌가 하는 생각을 가끔 한다. 생각을 같이하는 교수들과 뭐라도 꾸려 보는 기획을 구상해야겠다는 생각에 갑

자기 마음이 바빠진다.

6월의 첫날, 따사한 봄기운과 따뜻한 여름기운이 기분 좋게 겹친 청아한 날이다. 6월의 첫날에 가져 보는 꿈은 막연하게 좋아지겠지 하는 희망을 넘어 우리 공동체를 위해 어떤 일을 실행에 옮겨 보자는 다짐이다.

오늘 〈사회학적 상상력〉 수업시간에는 사회 불평등 social inequality을 다루었다. 사회 불평등은 사회학에서 가장 뜨겁게 다루는 주제 중 하나다. 질문을 올려놓고 학생들의 참여를 유도했다. '사회 불평등 하면 무엇이 떠오르나?' '사회 불평등과 관련 있는 연관어는 어떤 것이 있나?'

학생들의 참여가 활발하다. 네모 수업답게 강의실 밖에서 올려놓은 참여가 적극적이고 제법 많다. 앞을 보고 얘기하다 뒤의 넓은 화면을 쳐다보며 학생들이 올린 의견을 읽어 내려가느라 바쁘다.

학생들의 말문이 터지니 기다렸다는 듯이 댓글이 죽죽 올라온다. 사회 불평등의 정확한 의미가 무엇인지, 불평등은 분석적으로 어떻게 확인할 수 있는지, 불평등의 기원은 무엇인지, 불평등에 관한 이론은 어떤 것이 있는지 등에 관한 본격적인 학습을 받아 본 적이 없지만, 각자 나름의 경험과 관찰을 바탕으로 불평등의 연상과 연관어를 놀라울 정도로 정곡正鵠에 가깝게 찍어 냈다.

흥미롭게도, 불평등 하면 연상되는 것으로 제일 먼저 올라온 것이 대물림이고, 다음이 갑甲질이다. 우리 학생들의 반응에서 불평등에 대한 우리 사회의 인식과 체감이 구체적으로 무엇인지 어렵지 않게 확인할 수 있다.

오늘 우리 학생들의 적극적인 참여가 자연스럽게 다음 시간의 수업 내용을 안내한다. 다음 시간에는 코로나19와 불평등의 연관성을 강의와 토론의 주제로 올려 보아야겠다. 오늘 수업으로 보아 더 적극적이고 더 도전적이고 더 사고 깊게 참여할 것 같은 좋은 예감이 든다.

사회학도들의 빠른 손놀림

6월 3일 (수)

코로나19가 수업의 형식과 내용을 모두 움켜잡고 있다. 수업의 형식은 그간의 대면, 비대면의 용어에서 알 수 있듯이 더 이상의 중언부언이 필요 없을 만큼 자명하다. 코로나19는 불평등 논의에서도 어김없이 중요한 소재다. '약한 고리 차고 들어가는 코로나19'의 표현에서 불평등이 오싹하게 다가온다.

사실 코로나 바이러스가 계급이나 계층을 구별해서 부자는 피해 가고 가난한 사람한테는 달라붙거나 하는 계층 편향성을 지니고 있지는 않다. 그러나 코로나의 여파로 삶의 근간이 없어지거나 생활의 타격을 크게 받는 층은 정해져 있다. 시간제·저연봉 근로자, 젊은 층, 여성과 같은 취약층에 코로나의 타격은 집중적으로 나타난다. 재택근무가 어려운 식당, 소매업 종사자가 무급휴직, 해고와 같은 정리 1순위라고 학생들에게 설명했다. 약한 고리를 차고 들어가는 것이다. 심할 정도로 계층 편향적이다. 사회학도들답게 강의의 내용을 담으려고 메모하는 손놀림이 빠르게 움직인다.

클린턴 행정부 시절 미국 노동부 장관을 지낸 캘리포니아 버클리대 로버트 라이시 교수가 영국 〈가디언〉지에 쓴 글을 통해 코로나19로 미국사회에 4개의 새로운 계급이 출현했다고 주장한 내용도 소개했다.

그 첫 번째 계급은 '원격근무가 가능한 계급The Remotes' 이다. 이들은 전문·관리·기술 인력으로, 코로나19 이전과 거의 동일한 임금을 받는다. 이들은 위기를 잘 건널 수 있는 계급이다.

두 번째 계급은 '필수적 일을 하는 계급The Essential'이다. 의사, 간호사, 재택간호 육아 노동자, 농장 노동자, 음식 배달 기사, 트럭운전 기사, 약국 직원, 위생 관련 노동자, 경찰관, 소방관 등으로 직업의 폭이 매우 넓다. 계층 분류

표의 여러 층에 걸쳐 있는 이들은 필수적인 일을 하기에 일자리를 잃지는 않았지만 코로나19 감염 위험이 뒤따르는 특징을 지닌 계급이다.

세 번째 계급은 '임금을 받지 못하는 노동자 계급The Unpaid'이다. 코로나19로 무급휴가에 들어갔거나 직장을 잃은 사람들을 가리킨다. 고용과 관련하여 가장 심각한 지표를 보이는 계급이다.

마지막 계급은 '잊힌 자The Forgotten'이다. 감옥이나 이민자 수용소, 농장 노동자 숙소, 노숙인 시설 등에 있는 사람들로서, 물리적 거리두기가 불가능한 공간에 머무르기 때문에 코로나19의 감염 위험이 매우 높다.

이어서 '코로나19가 부른 빅 브라더Big Brother'를 설명했다. 이를테면 당신이 어젯밤 어디에 있었는지 다 보인다는 소름이 오싹 돋는 현실을 경계해야 함을 강조했다. 코로나 방역을 명분으로 개인의 위치나 동선動線 추적이 거침없이 진행되는 것이다. 방역으로 국가의 힘이 커질 것은 매우 자명하다. 정부가 조지 오웰의 소설 《1984》에 나오는 빅 브라더로 슬그머니 등장하는 양상을 보인다. 언제든 개인의 위치정보를 수집하고 사생활을 들여다볼 수 있는 합법적인 무차별 정보수집은 개인의 프라이버시와 인권을 침해할 소지가 매우 크다.

여기서 방역 효율이냐 프라이버시 보호냐의 질문이 등장한다. 개인의 양보를 요청하지만, 그렇다고 정부나 공동체가 일방적으로 인권 침해를 강행해서는 안 된다. 이 두 가치가 서로 타협하는 절충선*compromising good*을 찾아내기 위해 지혜를 모아야 할 것이다.

우리 시민들은 방역 효율의 논리에 높은 동의를 보이고 있다. 정부는 시민의 높은 동의를 당연한 것으로 받아들이지 말고, 이럴수록 인권 문제에 대해 더 깊은 주의와 관심을 가져야 한다. 나는 걸어 잠글 수 없는 활짝 열린 인권의 대문大門을 정비하는 성숙된 논의가 있어야 함을 강조했다. 그렇지 않으면 편견偏見과 차별差別이 활개치고, 사회는 점점 거칠어진다고 역설했다.

오늘 수업만큼 책상 위에 올려놓은 노트북 자판을 두드리는 손이 빨랐던 적은 없었던 것 같다. 이 시대의 이야기이고, 자신의 이야기이며, 들춰내야 할 이야기이기 때문이다. 폐부에 닿는 단순하고 강렬한 메시지가 담긴 이야기이기에 문제를 인식하는 감각이 빠르게 작동한다. 사회학도들답게.

새로운 질서를 허락한 시간

잃은 것과 얻은 것

6월 8일 (월)

6월로 접어들면서 비일상으로 여기던 일상이 빠르게 자리 잡아 간다. 적응하는 인간(호모 어뎁턴스, Homo Adaptans), 진화하는 인간(호모 에볼루티스, Homo Evolutis)의 면모와 역량이 유감없이 발휘되는 요즘이다. 나부터도 처음에는 이렇게 수업하면 이런 것 놓치고 저런 것 잃게 되는 것 같은 박탈의 항목들만이 길게 줄을 섰다. 코로나19의 불만은 쌓여만 갔다. 모두 힘든 상황이기에 불평을 털어놓을 곳도 마땅히 없다.

언제부턴가 이런 와중에 얻은 것은 무엇인지를 생각해 보기 시작했다. 앞으로 진행될 장기전에 대비하여 얻은 것을 차곡차곡 적어 놓고 확장해 볼 요량으로 말이다. 이렇듯 나에게 6월은 새로운 질서를 허락하는 시간이다.

사실 이번 학기는 이렇다 할 준비도 없이 시작하였다. 진행하다 문제가 생기면 고치고, 약간 서툴러도 '처음이니까' 하는 양해가 가능했다. 그러나 다음 학기에는 이런 양해와 변명이 들어설 공간이 별반 없을 것이다. 시행착오도 한 학기면 충분하기 때문이다. 그래서 기회가 있을 때마다 얻은 것을 차곡차곡 기록하고 공유하려 한다. 기회가 있을 때마다 우리 학생들은 무엇을 잃었고 무엇을 얻었는지를 탐문했다. 오늘 면담 온 학생에게도 물어보았다.

탐문하여 얻은 것들을 옮겨 본다. "기존에는 불가능했던 반복 수강이 가능하다." 살짝 인사치레 같은 멘트지만 인터넷 강의의 최대 장점을 언급한 매우 성실한 대답이다. "시간 관리가 가능하다. 통학 시간이 절약되었다." 처음에는 컴퓨터 화면 앞에서 수업하는 것이 신입생으로서 낙담 그 자체였고 불만의 온상이었지만 빠르게 적응되는 것을 확인하고는 험한 세상 살아가는 것 마음먹기에 달려 있다는 인생철학을 조숙하게 터득했다는 대답도 있었다.

그러나 대부분 외형적인 것만 언급한다. 어찌 보면 당연한 일이다. 비교를 하려면 before/after의 체험이 있어야 하는데, 이들에게는 안타깝게도 before의 경험이 없는 것이다.

내가 보기에 우리 학생들이 가장 많이 잃은 것은 집합의 기억, 함께하는 기억이다. 집합에는 '똘똘 뭉치는', '끼리끼리', '배타', '독점' 같은 부정적 의미도 있지만, 이를 크게 넘어서는 '품고 아우르는 배려'와 '우애'의 긍정적 의미가 더 크게 차지한다. 공동체적인 '함께의 협력'은 집합의 기억에서 찾아진다. 평소보다 거리를 더 두면서 동시에 더 가까워지도록 해야 한다.

코로나19를 경험하며 사회관계에 대한 향수가 더 크게 다가온다. 현대사회로 오면서, 특히 한국의 경우 압축성장 과정에서 전후좌우 살피지 않은 과속으로 인해 공동체적 감상은 거추장스러운 것으로 전락한 지 오래되었다. 허나 요즘처럼 어디에도 마음 붙이기 쉽지 않을 때는 그래도 공동체를 향한 마음의 움직임을 매정하게 부인하기는 어렵다.

막스 러너Max Lerner의 주장처럼 공동체란 자기 완결성을 갖추고 있으며, 이해 가능한 범위 안에 있는 삶의 단위로 규정되기 때문이다.

공동체와 가장 친숙한 연관어는 연대連帶다. 이렇게 보면 코로나19의 최대 적은 공동체적 연대가 만들어 낼 상상력의 결핍이다. 차제에 오랜 학문적 논제였던 공동체 논의가 활발해지기를 기대해 본다. 유발 하라리Yuval Harari의 언급처럼 우리가 번영하기 위해서는 친밀한 공동체 속에 우리 자신을 뿌리 내릴 필요가 있기 때문이다.

공동체가 중요하다. 잃은 것도 그곳이고 얻을 것도 그곳으로 귀속되기 때문이다.

전염의 시대, 제 3의 길을 생각한다

6월 10일 (수)

제도*institution*에 관한 수업을 하였다. 우리는 단 한순간도 사회제도의 영향으로부터 자유로울 수 없다. 사회제도란 태어나면서부터 사회를 이루고 사는 개인들의 행동을 안내하고 규제하는 규칙을 지칭한다. 한편으로는 개인의 자유를 구속하지만, 다른 한편으로는 사람들의 행동에 규칙성을 부여하고 질서를 유지하고 예측가능하게 만든다. 사회의 구성원을 묶어 주는 끈이다. 이렇게 중요하기 때문에 사회과학의 모든 학문들은 너나없이 사회제도를 연구의 핵심 영역으로 삼고 있으며, 이를 바탕으로 사회에 관한 중요한 화두話頭를 만들어 낸다.

제도의 의미와 제도를 학습하는 까닭을 소개했다. 나는

사회학의 핵심 영역을 '개인의 사회적 구성', '불평등', '제도', '변동'의 4가지로 설정하고, 제도를 비중 있게 다룬다. 나의 사회학을 구축하는 나침판compass 중 하나인 자유freedom와 제약constraint의 프레임에 꼭 들어맞기 때문이다. 제도를 자유의 기제인 동시에 제약의 기제로 파악하는 것이다.

코로나19 상황에서 의료제도가 수업의 주제로 들어오는 것은 오늘의 사회적 상황에 대한 관심의 끈을 놓지 않는 사회학의 속성으로 볼 때 당연하다. 그동안의 의료제도를 국제비교적 시각에서 보면, 크게 자유방임형의 미국식 제도와 규제관리형의 유럽식 제도로 나뉜다. 시장과 국가의 틀이라는 이분법적 시각에서 각 제도의 장점과 단점, 기회와 위협의 항목에 어느 제도가 더 적합한가를 진단해 왔다. 미국과 영국의 의료제도가 가장 대표적이고 대조적인 사례로 언급된다.

적어도 지금까지 진행된 코로나19 상황에 비추어 볼 때, 시장 일방적인 방식도, 국가 일방적인 방식도 실패한 것으로 결론 나고 있다. 여기에 한국의 의료제도가 이 시대의 팬데믹 상황에 적합한 새로운 모형으로 언급되곤 한다. 시장의 논리와 규제의 논리가 적절하게 배합된 새로운 길 혹은 제3의 길로 이름 붙일 수 있는 구성과 논리, 특히 성과를 만들어 내고 있다는 평가 때문이다.

한국은 민간의료의 비중이 공공의료보다 훨씬 높다. 병상病床 규모로 보면 민간의료 병상이 90%, 공공의료 병상이 10% 정도로, 압도적으로 민간중심 의료체제다. 참고로 미국은 완전 시장중심 의료체제이지만 공공의료 병상의 비중이 25%쯤 된다. 이와는 대조적으로 영국은 100% 공공의료 병상이며, 완전 국가주의적 의료체제의 대표적 국가다.

의료에서 차지하는 비중 측면에서 한국 의료의 기본 골간은 민간시장 체제이지만, 실제적인 운영은 전국민의료보험제도에서 보듯이 공공성이 매우 강하다. 아직까지 영리 의료기관을 허용하지 않는다. 영리 의료법인을 도입하려는 시도가 여러 번 있었지만 번번이 무산되었다.

요컨대 형식은 시장경쟁적 의료제도이지만, 운영은 국가관리적 의료제도 개념이 깊숙이 들어와 있다. 제3의 길인 것이다. 시장경쟁적 형식과 국가관리적 운영이 결합한 또 다른 길이 코로나19의 치료와 방역에 모범적인 안내자 역할을 한다. 코로나19 팬데믹 상황에서 한국의 의료제도가 극단적 시장주의와 극단적 국가주의를 넘어선 제 3의 길이 될 수 있을지를 기대해 보는 대목이다.

　단, 제도의 작동은 그 사회를 구축하는 문화와 연동하여 그 성과가 달리 나타난다는 점을 숙지할 필요가 있다. 이를테면 코로나19와 관련하여 한국사회에서의 공동체를 향한 높은 시민적 동의가 있었기에 방역의 모범 혹은 성공 사례가 가능하다는 점을 놓쳐서는 안 될 것이다. 여전히 문화가 중요하다.

오래 준비한 연출

6월 17일 (수)

한 학기 수업을 진행하면서 도저히 감이 오지 않은 것은, 또 많이 궁금했던 것은 우리 학생들의 생각의 폭이나 끼의 깊이가 어느 정도일지였다. 만날 기회가 극히 제한되어 있고, 몇 번 받아 본 과제물*assignment*로는 알아내기 쉽지 않다. 몇몇 학생은 자신의 생각을 담은 글을 개인적인 이메일로 선보이기도 하였다. 이것으로 전체 학생으로 일반화하기는 어렵다. 상황이 만만치는 않지만 발표시간을 갖기로 하였다.

학기말 리포트를 중심으로 신청을 받아 발표시간을 갖기로 하였다. 형식은 3분 스피치*3 minutes speech*로 정하였다. 주제는 현대 인간의 모습을 그려 내는 〔Homo _____〕다.

많은 학생이 오늘 수업에 참석했다. 관심이 많다. 수업에 처음 나온 학생도 제법 많이 보였다. 학기가 끝나 가는 시점인데도 여전히 서먹서먹한 사이임을 어렵지 않게 직감할 수 있다. 전에는 수업하려면 무슨 얘기가 그렇게 많은지 두셋이 요란스럽게 떠드는 것을 제지하는 사인을 여러 번 보내고 난 다음에야 수업을 시작하곤 했다. 그런데 이번 학기는 전혀 다른 모습이다. 물론 방역 차원에서 몇 칸 자리를 건너 앉아 있어 대화가 그리 쉽지 않은 여건인 점도 있지만, 마치 처음 만나는 것처럼 보인다. 집합의 기억이 없다. 수업 시작하니 얘기 그만하고 나에게 집중하라는 신호를 보냈던 과거의 일이 그립다.

오늘은 단 1초의 지연 없이 정시에 수업을 바로 시작했다. "오늘은 그동안 여러 번 예고하였던 Homo 프로젝트를 발표하는 시간입니다"로 말문을 열고, 발표의 내용과 3분 스피치의 형식이 지닌 의의를 몇 마디 부연 설명하고 발표로 들어갔다.

지원자 13명의 발표순서는 학번 순으로 한다고 발표 라인업을 수업창에 이미 공지하였기에 차근차근 순조롭게 진행되었다. 7명 발표하고 나서 짧은 막간을 갖고 다시 이어갔다. 호모 이미지쿠스, 호모 심비우스, 호모 이미단스, 호모 사케르, 호모 소라파리우스, 호모 라비란스, 호모 나르키소스…. 3분의 시간을 대부분 정확히 맞췄다.

발표 원고를 작성해 놓고 얼마나 많은 연습과 리허설을 했는지 단번에 알아볼 수 있었다. 아마도 대학 들어와서 대면으로 발표를 하는 것은 처음이었을 것이다. 어떤 학생은 1학년생이라고 보기 어려울 정도로 여유를 보이며 설명한다. '모방하는 인간'을 발표한 학생은 마무리로 내가 수업 끝날 때 하는 멘트를 나름 비슷하게 흉내 내기도 했다. "여러분, 수고 많았어요." 모두들 깔깔 웃었다.

총평을 했다. 기대를 훨씬 넘는 잘 준비한 발표였고 나의 대학 1학년 시절을 돌이켜 보면 사고와 태도의 측면에서 비교할 수 없을 정도로 훨씬 성숙하다고 칭찬했다. 그리고 학생들로부터 질문과 논평을 받았다. 이 대목에서도 깜짝 놀랐다. 수준 높은 논평이 나왔다. '1학년 신입생 맞아?' 하는 감탄을 속으로 했다. 하나는 인간의 모습을 이렇게 세부적으로 나누어서 분석하고 진단하는 이점이 무엇인지, 이러면 인간의 종합적 모습보다는 단면적 모습만 보는 오류를 범할 수 있는데, 어떻게 이해해야 하는지의 질문이었다. '그래, 이 정도의 질문은 나와야지' 하고 내심 놀라고 흡족함을 감출 수 없었다. 동서양의 각기 다른 인간관과 사회관, 사회학의 접근방법을 차근차근 소개하며 대답으로 채워 주었다. 고개를 끄덕인다.

또 한 명의 학생은 이번 발표를 들으면서 인간의 현대적 모습을 아주 다양하고 넓게 섭렵할 수 있는 좋은 기회였다는 의견을 내놓는다. 그래, 오늘과 같은 발표와 논평 정도면 그동안 궁금했던 사고의 깊이, 끼의 폭을 파악하기에 충분했다. 입시 공부에만 매달리고 선택 문제에 익숙한 조련된 학생들만은 아니라는 확신을 가지게 되었다.

이들의 잠재력을 끄집어내는 교수의 역할을 다시 생각해 보는 귀한 시간이었다. 발표 준비시간도 그리 길지 않았고 질문과 논평도 즉흥적으로 진행되었는데도 마치 오래 준비한 연출처럼 흠잡을 데가 없다.

마지막 강의:
익숙지 않았지만,
많기에, 넘치기에, 결코 지루하지 않았다

6월 22일 (월)

마지막 수업이다. 경험해 본 적도, 상상해 본 적도 없는 어떤 처음의 긴 여정을 마무리하는 시간이다. 한 학기 그저 무사히, 무탈하게 마무리하면 좋겠다고 날짜를 세면서 간절하게 기다렸던 시간이다. 언제 이런 간절함을 가졌던 적이 있었나 싶다. 코로나19 확산 시점에서 2주 늦게 시작한 개강, 카메라 렌즈에 시선을 맞춘 어색한 녹화 강의, 강의 경력 30여 년 만에 처음 들어 본 '비대면'이란 이름의 수업, 인터넷으로 치른 중간고사, 중간고사 이후 대면과 비대면을 동시에 진행하며 오늘까지 왔다.

　오늘 마지막 수업을 위해 많은 생각을 했다. 한 열흘 전부터 준비를 했다. 시작 멘트는 어떻게 하고, 강의의 줄거리는 어떻게 하고, 한 시간 동안 펼쳐 낼 주제의 라인업은 어떻게 정할까. 마치 야구 감독이 여러 요소를 고려하여 1번부터 9번까지의 타순을 짜듯, 강의의 기승전결을 위한 기획을 디자인했다. 오늘 수업에서 한 학기 전체를 복기하며, 그 속에서 나 자신에게 요청했던 성찰을 정리하고 싶었다.

우리 수업에서 반복적으로, 끊임없이 강조했던 다음의 몇 가지를 상기시켰다. 첫 번째로, 과목명에 명시된 '상상력*imagination*'의 중요성을 무한히 강조했다. 아인슈타인A. Einstein의 명언 "Imagination is more important than knowledge"를 인용하며 우리 학생들의 상상력을 끄집어내고 키워 주는 것을 전체 강의의 핵심으로 삼았음을 다시 힘주어 얘기했다. 아울러 나의 역할은 상상력을 어떻게든 끄집어내는 것이었음을 강변强辯했다.

두 번째로, 상상력 중 '사회학적 상상력'에 초점을 맞추었다. 'debunking'으로 요약되는 일련의 메시지를 강조하였다. 당연시하는, 상식의 이름으로, 신화의 이름으로, 루틴의 이름으로 아무런 의심 없이 진행되는 것을 깊이 뚫어 보는 날카로운 시각, 호기심, 폭로, 문제 드러내기를 사회학의 생명으로 여겨야 한다는 점에 방점을 찍었다.

사실 이번 강의를 수강한 학생들의 뇌리에 가장 강력하게 각인되어 있는 용어를 꼽으라고 하면 단연 debunking임에 의심의 여지가 없을 것이다.

세 번째로, 모든 것을 상대화하려는 동기를 가져야 함을 강조했다. 절대적인 것의 실제 모습을 상대적으로 파악하려는 자세가 필요함을 힘주어 말했다. 하나의 기준, 하나의 규범, 하나의 창구, 하나의 시각으로 세상 만물을 내다보려고 하는 폐쇄적 의식을 거부할 것을 주문했다. 아울러 국지적 시각을 벗어나 좀더 보편적 시각을 존중하는 자세를 견지할 것을 요청했다.

네 번째로, 질문의 중요성을 다시 얘기했다. "A good question is greater than the most brilliant answer"를 밑줄 치면서 질문의 중요성을 상기시켰다. 질문하고, 질문하고, 질문하는 과정이 답이며, 공부란 곧 질문하는 것이라고 얘기했다. 그리고 여러분들은 질문할 수 있는 절대 권한을 가지고 있다고 강조했다. 2010년 버락 오바마 미국 대통령의 한국 방문 때 기자회견에서 나타난 씁쓸한 광경을 소개했다. 사상 최대 규모로 치러진 서울 G20 정상회의 마지막 날, 오바마 대통령이 폐막 연설을 끝내고 나서 한국 기자들에게 질문권을 드리고 싶다는 돌발 발언을 했지만, 끝내 그들은 침묵을 지켰다. 개최국 역할을 훌륭히 해낸 한국에 감사를 표현하기 위한 배려였으나 나타난 현상은 침묵이 흐르는 것뿐이었다. 결국 한국 기자에게 독점적으로 주어진 미국 정상에 대한 질문권은 다른 나라 기자에게 돌아갔다.

마지막으로, 내 수업의 행간을 잘 살펴보면 무엇보다 기본에 충실할 것을 요구하고 있다는 점을 파악해 달라고 당부했다. 어떤 기본을 강조하였는지 차분히 생각해 보기 바란다는 부탁을 빠뜨리지 않았다.

다음의 큰 주제는 사회학의 매력은 무엇인가로 이어졌다. ① 사회학은 왜 그렇게 되고 어떻게 되었는가의 질문에 답할 수 있는 강점을 가지고 있음을 설명했다. 시대적 배경, 사회적 배경, 역사성, 사회성을 통한 문제진단과 상황설명을 펼쳐내는 역량이 사회학의 매력이라고 말이다.

② 사회를 해석하고 세상을 보는 스펙트럼 혹은 이론적 자원이 매우 넓고 풍부한 것이 사회학의 매력 중 매력이라고 강조했다. 수업의 전반부에서 상당한 시간을 할애하여 설명한 맑스K. Marx, 뒤르케임E. Durkheim, 베버M. Weber를 비롯하여 진보와 보수, 자유주의와 현실주의, 합의이론과 갈등이론의 작용과 반작용 과정이 사회학이 사회를 보는 눈을 균형 있게 만든다는 점을 힘주어 얘기했다.

③ 사회학은 의도한 것 못지않게 의도하지 않은 것un-intended에 깊은 관심을 가지고 있으며, 공식적인 것 못지않게 비공식적informal 관계에 방점을 두고 있음을 강조했다. 그리고 여기에 해당하는 사례 몇 가지를 소개하며 사회학의 매력을 피력하였다.

④ 사회변화를 놓치는 것이 가장 두렵다는 빌 게이츠Bill Gates의 얘기를 사회학만큼 중요한 명제로 삼고 있는 학문은 없다고 강조했다. 사회학에 사회변동과 사회발전에 관한 이론이 풍부한 것도 이러한 이유에서 연유한다. 세상에 고정되어 있는 것은 하나도 없다는 사족도 덧붙였다.

⑤ 사회학의 매력은 방법론, 연구방법의 풍부함에서도

찾을 수 있다고 소개했다. 사실에 근거한 납득을 만들기 위해서는 연구방법의 튼실함이 제일 조건임을 강조했다. 연구방법의 풍성함을 사회학 매력의 또 하나로 추가했다.

다음으로 대학과 학과의 이야기로 옮겼다. 명문대학이란 가치value, 기회opportunity, 자원resource을 만들고 제공하는 대학이며, 새로운 패러다임을 만들어 내려고 끊임없이 모색하고 실천하는 대학이라고 설명했다. 이와 연동하여 성적장학금 제도를 폐지한 까닭과 철학을 설파했다. 더불어 사는 지혜를 터득하는 대학, 더불어 사는 지혜를 실천하고 훈련하는 대학이 명문대학임을 덧붙였다.

아울러 사회학과 신입생들인 만큼 사회학을 전공한 선배들이 어떤 직종에서 어떤 일을 하는지를 매우 궁금해 하기에 몇몇 졸업생을 소개했다. 특히 미국 할리우드에서 활약하는 특수분장 전문가 다이아나 최를 자세하게 소개했다. 그녀는 영화 〈다키스트 아워Darkest Hour〉가 2017년 아카데미상 분장상扮裝賞을 받게 만든 주역이다. 예상을 완전히 뛰어넘는 일이라 그런지 눈이 번쩍하는 반응이었다.

벌써 예정된 수업시간 1시간 15분 중에서 1시간이 훌쩍 지났다. 마무리해야 하는 다급함을 잠시 느꼈다. 부탁과 나의 소망을 얘기하는 것으로 들어갔다. 함께, 참여, 공유, 협력의 메시지를 부탁했다. 얼마 전 신문에서 읽은 영화 대사 "Walking with a friend in the dark is better than walking alone in the light"를 소개했다. 혼자 하면 이룰 수 있는 게 무척 적지만 함께하면 무척 많다는 말도 추가했다.

그리고 또 하나, 나는 강의를 하러 들어올 때 설렘을 가지고 온다는 얘기를 하면서 여러분도 설렘이 있어야 한다고 얘기했다. 무관심, 매너리즘만큼 경계해야 할 것이 없다고 덧붙였다.

마무리 멘트는 이렇게 했다. "나는 소박한, 아니 담대한 꿈을 가지고 있다. 여러분들이 먼 훗날, 10년 뒤, 20년 뒤, 30년 뒤 혹은 그 이상의 어디쯤에 어떤 분야에서 일가를 이루고 그 연유로 누구로부터 이런 것은 어디에서 배웠으며, 어떻게 생각하게 되었고, 언제 시작하였느냐의 질문을 받으면, 이 모든 것은 20대 초입에서 만난 〈사회학적 상상력〉 수업에서 시작되고 완성되었다고 말하기를 소망

한다. "

아울러 한 학기 동안 오랜만에 여러분과 사회학의 세계를 여행할 수 있어 즐거웠다는 감사의 표시를 하였다. 한 가지 아쉬운 것은, 오늘 수업 라인업을 짤 때 마무리로 출석부의 이름을 부르며 수업에 참석한 학생은 "예"라고 대답하고 강의실 밖에서 인터넷으로 수업 듣는 학생은 블랙보드 대화창에 "예"라고 쓰게 하고자 했지만, 마지막 시간에 들려주고 싶은 스토리가 너무 많아 이름을 부르지 못하는 아쉬움을 숨겼다. 잘한 것에는 아쉬움이 있기 마련이라고 위안하며 다음으로 미루어 놓았다.

코로나19 상황의 익숙하지 않은 여건이었지만, 전해 주고 싶은 사회학적 상상력의 얘기가 많기에, 끄집어내야 할 우리 학생들의 잠재력과 사고력이 넘치기에, 수업은 결코 지루하지 않았다. 한 학기를 돌아보니 어떤 처음의 긴 시간이었다.